引导孩子学好语文的**四十**个建议

SHENG YA ZHONG DE YU WEN

生涯中的 语文

纪海燕 主编

中国海洋大学出版社

·青岛·

图书在版编目（CIP）数据

生涯中的语文 / 纪海燕主编 . —青岛：中国海洋大学
出版社， 2022.10

ISBN 978-7-5670-3370-2

Ⅰ.①生…　Ⅱ.①纪…　Ⅲ.①语文课—教学研究—
中小学　Ⅳ.① G633.302

中国版本图书馆 CIP 数据核字（2022）第 238367 号

出版发行	中国海洋大学出版社		
社　　址	青岛市香港东路23号	邮政编码	266071
网　　址	http://pub.ouc.edu.cn		
出 版 人	刘文菁		
责任编辑	孟显丽	电　　话	0532-85901092
电子信箱	1079285664@qq.com		
印　　制	青岛国彩印刷股份有限公司		
版　　次	2022年10月第1版		
印　　次	2022年10月第1次印刷		
成品尺寸	170 mm×230 mm		
印　　张	14.25		
字　　数	191千		
印　　数	1~850		
定　　价	45.00元		
订购电话	0532-82032573（传真）		

发现印装质量问题，请致电0532-58700166，由印刷厂负责调换。

编 委 会

序

用一生享受语文

很高兴，我是一名语文老师。

记得从师范学校毕业前，学校组织试讲比赛。我的专业是小学教育，所以我上语文或数学课都可以，课题也可以自选。

犹豫再三，我选择了讲小学数学《认识三角形》这一课。我记得，当时父亲帮忙做了一个青灰铁皮的等边三角形模型。只要固定住三个角，我就可以演示三角形的诸多性质。我没费多少工夫来备课，开头激趣导入，然后一个性质一个性质地讲下去，语言流畅、抑扬顿挫，最后顺利拿到了全场的第一名。为什么不选择语文课？当时我的想法很简单，语文备课太麻烦，太多要记住的话，学生的回答也不可预测。

毕业后，我教了二十多年语文，依然觉得备好课不是一件容易的事。前几天，我听了一节初中语文课，讲的是欧阳修的《卖油翁》，最后一句是"康肃笑而遣之"。如何理解这位当世无双的善射者在见识了与自己身份悬殊的卖油翁绝技后的感受？比较标准的答案是：康肃对卖油翁的技艺感到佩服，对自己的骄傲自负感到惭愧，唯有无奈地笑笑，让卖油翁离开。这种笑是尴尬而自嘲的笑。

但在评课中，有的老师提出了截然不同的观点：结合实际情况，射箭和倒油本不是一个层面上的事情，康肃会不会觉得这老头是外行而没必要与他争执，故"笑而遣之"？到网上看看，还有很多人认为是康肃认识到自己的错误，谦恭地送卖油老人家离开。"康肃笑而遣之"的"遣"，常用义是"打发"，读出谦恭的意味实在牵强；但同样是打发，康肃是怀着什么样的心情呢？

如果教师照着教学参考书讲，倒不会有这样的纠结。但有时从多个角度想想，反而会纠结。这是语文老师独有的一种"小烦恼"。有时办公室里的同事们，为了这样那样的"小问题"争执不下；平时关系好得不得了，到这时却是各执己见、寸步不让，甚至面红耳赤。每每回忆起这样的场面，我总会鄙夷那些说教师不够"专业"的人：律师、医生不能代替，语文老师又岂是谁都能干的？反过来想一想，我又会觉得：如果语文老师连一篇简单的文章都读不懂，又怎么培养孩子的语文素养呢？

上小学的时候，我特别喜欢《故事会》这种杂志，薄薄的小册子里记载着一个一个的小故事。上了初中，每个月我都会买一本《读者》之类的杂志。因为这些杂志，我逐渐养成了一个习惯：周末的早晨蜷缩在被窝里赖着不起床，一口气把整本杂志全读完。一个故事接着一个故事，这个离奇，那个更有意思。读完后，我就像去网红馆子吃了一顿大餐，口齿留香，意犹未尽。

儿子曾在学校"淘淘乐"大集上换回一本东野圭吾的《超杀人事件》。我开始以为这是一部长篇小说，努力找各章节之间的联系。后来吃晚饭时，儿子说，这是由8个短篇组成的小说集，各篇小说之间由一条主线相连但故事内容并无关联。哈哈，我读了这么多年书，居然也有糊涂的时候。明白后再读就顺畅多了，我用一个晚上读到了最后一页，甚是痛快！

有了这种感受的我，还是做语文老师吧！虽然我觉得语文比其他学科要难教得多，但我自得其乐。

现在，我除了教学外，还有大量的行政管理工作要做。能够影响更多的老师，我觉得是件很有意义的事。同时，我已经把和老师们一起研究教材、研究学生、研究教法作为一件幸福的事情。我通常会拿出一个单元来进行整体设计，请大家一起谈谈对教材内容、编者意图的理解，聊聊学生可能学到哪里会感到困难、怎么教学生更容易学好课文……就这样聊上一两节课。最后，看着老师们心满意足地夹着书走出会议室，我内心无比舒畅。

与从事其他行业的芸芸众生一样，我们可以看看电影，聚餐，聊天，外出旅行……但就像有人曾经说过的，同样的场景因为感受层次与深度的不同，所获得的体验就会有很大的差别。文字是有温度、有深度的，它会让你生发出无数的想象力与感受力。就像每次跟着微信朋友圈去看世界，即使图片不够美丽，只要看看经历过的人的留言，虽然经常是寥寥数语，也足以深深打动我。

很多学生认为语文是最难学的学科。是的，因为对文字要品味感悟、要实践运用。有的学科只需要枝叶来点缀，但语文是需要扎根的。就像不存在无源之水、无本之木一样，语文的日积月累不可取代。这大概也是校外培训机构很难把语文辅导做得很好的原因吧。

我和我的工作室成员都是语文老师，我们对语文都有着不能割舍的情怀，也都在不断遇到并解决着新问题。我写《生涯中的语文——引导孩子学好语文的四十个建议》这本书的初衷是想梳理一下做语文老师这些年的心得，留下一些对自己、对别人有些用处的东西。往大处说，当然还是希望这本书能对老师和学生有所启发，让语文带给他们更多的享受。希望这本书中的四十条建议能够让大家读得进去并有效地用到老师的课堂教学和学生的学习中，让大家能够用一生享受语文。

本书出版过程中得到专家、领导、教育同仁的鼓励帮助，得到家人的大力支持，在此一并表示深深感谢！

纪海燕

2022年9月

目 录

建议一
赋予语文学习意义感

学习的重要内核是意义感。

比如参加一个婚礼，亲朋好友在一起祝贺一对新人的结合，婚礼主持会设计一个个或感人或有趣的环节。环节和场面固然重要，但内核是要有人结婚；没有人结婚，场面搞得再热闹也只是瞎搞。

很多时候，我们都在强调学生要积极参与学习过程；但对于学生来说，因为没有赋予学习以意义感，所以在学习过程中总是处处被动。

那么，有的老师会问：我鼓励默写字词全对的学生可以免当天的基础知识作业，为了得到这张"免作业卡"，学生会努力钻研、反复练习，这算是赋予学习意义感了吧？有的学生为了老师的一个小红花、一张小粘贴，为了给小组加一分而努力学习，这算是赋予学习意义感了吗？有的孩子努力学习，考上一所心仪的大学，就是为了能去传说中的美味食堂吃饭，这算是赋予学习意义感吗？我认为这些都是。

人天生追求意义和价值。意义和价值来自哪里？答案是来自满足需求；请注意，是来自满足各种层次的需求。

老师们可能觉得，为了免作业，为了吃上一口特色美食，这样的需求层次太低了。但是，真正了解人生后你会发现，很多时候，我们的需求真的没有多么"高大上"。累了、困了，就想美美地睡一觉；厌了、烦了，想去陌生的地方散散心。合理的需求不在于高低，只要被满足了，就是有意义的。

语文学习当然可以有更高层次的需求，不依赖别人的评价，不追求简单的刺激，那就是能够体验到阅读和写作本身的快乐。布鲁纳重视学生形成内部动机，或把外部动机转化为内部动机；激起学生的好奇心，让学生受好奇心的驱使对学习表现出兴趣。最好的动机莫过于对所学的材料本身具有的内在兴趣，有新的发现的成就感。这种内在的兴趣也就是学习较高层次的意义感。

以"任务驱动式自主学习"为例，有几种比较有效的做法。

第一，赋予比较枯燥的基础知识以意义感。

第二，生字的记忆、书写是语文学习基础中的基础。字都认不了、写不对，何以谈阅读和写作？整体来说，比起阅读、口语交际等内容，字词类的基础知识还是比较枯燥的。

小学的不同学段在字词教学方面有着不同的侧重点和教学策略。低年级，识字、写字教学是重点，学生要学习识记字形的各种方法，目的是准确识记并能够正确书写。到了中、高年级，学生识字、写字有了方法，识字、写字教学占的比重就会降低。

小学中、高年级老师比较头疼的问题是生字的"回生"。低年级要大量地识字、写字，学生如果学不扎实，到了高年级在写作中就会"爆发问题"，整篇大量错别字，让老师改起来非常头疼。

造成这个问题的原因有很多。每个汉字包含的信息量很大，如何将和字形有关的笔画、部件、空间结构等长时间记住并在必要时有效提取，对低龄学生来说是个挑战。此外，学生对于汉字识认兴趣不高也是造成这个问题的原因之一。为什么要认字？汉字有哪些独特之处？汉字与我们的生活有哪些联系？意义感的缺失也造成了学生学习的无感。

汉字的意义感，有多少老师能够讲给孩子听？

　　同样是古老的文字，两河流域苏美尔人创造的楔形文字、古埃及的象形文字都早早消亡了，只有汉字历久弥新、永葆生机。中华文明世代相传生生不息是其中最根本的原因。尽管中华文明一路走来也经历了许多坎坷，但以汉民族为核心形成的中国传统文化不但一直没有中断，还在漫长的历史进程中不断吸收不同民族文化和域外文化的精华，自我扬弃、丰富、创新和发展。汉字与中华文明的发展相伴相随，并因此保持着强大的生命力，传承至今。

　　一年级入学第一课，学习"天地人 你我他"，我给学生展示"人"字，告诉他们这简单的一撇一捺的背后蕴含着多么了不起的历史和文化。

　　不要以为一年级的孩子听不懂，当我讲完"人"字的意义之后，他们小脸通红，自发地鼓起了掌。他们觉得作为中国人、学习中国的汉字很骄傲。从此，了不起的汉字在他们的心里扎下了根。

　　汉字的"音"、汉字的"形"、汉字的"意"……老师只有懂得其中的意义，才有可能将意义感传递给学生并影响他们。

　　发现学生对学习不感兴趣的时候，我们需要认真反思。此时，我们可以通过评价来刺激、通过小目标来激励，但更加重要的是我们要觉得所教的东西很有价值、十分美好。

　　不爱语言文字的老师无法教出热爱语言文字的学生。赋予语文学习意义感其实也是我们的需要。赋予学科学习意义感，赋予学科教学意义感，学生和教师在课堂上便会体验到学习和教学中的乐趣。

建议二

用语言文字打动孩子

我工作20多年，听了无数节语文课。其中，一节初中语文课，让我始终难以忘怀。

我当时跟着区里到北京四中参观学习。青砖矮房的校园，到处溢满了历史的韵味。听着校领导"高大上"的介绍，我对优秀的教师团队、卓越的学生、这样学校的课堂教学，更多了几分期待。

照例还是要听一节课，我选择了语文。

说实话，听过一些初中语文课，印象比较深的是曾有一位老师将很长的课文一字不差地读给孩子们听，还觉得比之琐碎的分析有些意思。其他的课，则少有精彩的品读和感悟。特别是学生只言片语的发言，闷闷的、含糊不清的声音，倚着桌子弓弓的脊背……这些略微长大的孩子似乎被装进了匣子，少了很多灵性与光彩。所以，我对这节课并没报太大的期待。

上课的是一位干净利索的小姑娘。发下导学案后，老师开始讲课。内容是解析《红楼梦》。已经过去十几年，老师具体讲的内容我记不清了，但当时的感受还清晰记得。

这是真正意义上的"讲"课，老师从头讲到尾，孩子们连一次站起来发言的机会都没有；没有任何互动，这是"满堂灌"吧！

我想说，这是我听过的特别有意思的一节语文课。老师用流畅悦耳的声音，把离孩子如此遥远的《红楼梦》，像讲故事一样娓娓道来。好多电视剧里坐在茶馆里听说书先生讲各种"演义"，应该就是这种感觉；就差一个响板，故事戛然而止。

学生和我一样，没有机会走神，偶尔低头做题，也是专心奋笔疾书。特别让我回味的是初中孩子不多见的津津有味、会心微笑的表情。

作为语文老师，我突然真切感受到语文的"味道"。

一次，和幼儿园老师探讨如何进行语文启蒙的问题。幼儿园老师说："语文在我们幼儿园是不用教的，我们更加关注欣赏的习惯和兴趣的萌发。我们每天中午吃完饭都会组织孩子们散步。散步的时候，老师喜欢和学生聊天，聊聊天气，聊聊园子里什么花又开了，聊聊喜鹊在树上做的窝，然后，再聊聊今天的心情。聊聊好的天气有啥感觉，刚才上午的活动喜欢吗，你又交到了哪些好朋友……"她还特别提醒我，"和幼儿说话不要用太多的叠词和奇怪的语气。孩子们是生活在真实世界里的，你平时怎么和别人说话，现在就怎么和孩子说话，语速快一些也没关系。他们知道了，不知不觉就会用了"。我想象着，在一个个明朗的午后，在惬意的散步中，"蔚蓝""欣喜""含苞待放"……这些语文的词汇就这样进入孩子们小小的世界里。

我特别喜欢师范学院教我们语文的王老师，虽然对她那又黑又粗的辫子、年轻美丽的脸庞只剩下模糊的记忆，但她在讲台上动情地读《斑羚飞渡》的那一幕始终清晰地留在我的记忆里。

语文从来不是封闭的，不是非要遵循哪个固定的模式。当然，我不反对模式，毕竟很多模式的背后是对语文的深刻认识和理解，会产生省时高效的教学效益，这是我们需要的；但"不拘一格"，也算是语文教师的专业自主权。

有的学生不喜欢语文，也学不好语文，人们往往会说他"不开窍"。如果不能用一种方式，在某一节课上打动一次学生，那么这个学生可能真的就没有得到"开窍"的机会。就像学游泳，如果不下水，是全然体会不到水中嬉戏的乐趣的。

再回到那节"没有发言的语文课"，哪怕老师仅仅使用了讲授法，哪怕没有一个孩子发言，哪怕教室里全体静默，都不妨碍学生跟随你走进语文的世界。

听课结束后，有的老师遗憾地表示这节课虽然感觉挺好，但问题也很明显，就是没有给予学生发言的机会。我说："互动一定要发言吗？老师讲到高潮处，学生心领神会地微笑颔首，这不也是一种互动吗？用语言文字打动学生，可能是语文教育更高的境界吧！"

建议三
持续努力做习惯保养

　　浙江省金华师范学校附属小学对"面向孩子成长的痛点"进行了研究。他们梳理了优秀班主任的带班经验，确定了"十个会"，具体包括会吃饭、会睡觉、会排队、会走路、会听说、会扫地、会整理、会问好、会求助、会游戏。我深以为然。

　　我所在的青岛市市南区，每学期开学初都会进行学区片的家长联席会。学区片内的两所初中校长、每所小学的校长和分管干部、每所小学的家长代表都会参会。会上会留一段时间给家长提建议或提问，区教体局的领导也会借机会倾听一些家长的心声。来的家长多数是学校家委会成员，既有代表性，又有比较高的素质。会上，很多家长会借机会表达对所在学校的感谢，有一些家长会谈自己对教育的认识。当然，也有家长会直接提出一些问题，像学校的午餐质量、疫情防控的措施等。作为学校负责学区的分管干部的我，参加这样的联席会也是我的工作之一。我在会上倾听来自不同学校的家长对新一学期的关注点，这不仅是一种沟通，也是一种收获。

　　记得在2020年的联席会上，一位小学六年级的学生家长主动提问。这位妈妈带着一些青岛口音，说得很实在，也颇有几分焦虑。她问："我的孩子马上要上初中了，我们对功课辅导越来越力不从心。现在大家都说要小初衔接，那么我们该从哪方面去衔接，是心理上还是知识上，要不要上衔接班提前学初中的知识啊？"

这些年我已经不知道多少次听到过类似的问题。每到毕业季，就会有幼儿园大班家长通过各种途径找到我，打听要不要上幼小衔接班，让我推荐好的衔接班。每次我都不会给出明确的答案。毕竟衔接班是良莠不齐的，学生的实际情况也千差万别，适合的才是好的。我会负责任地具体询问孩子在幼儿园的基本情况，给出一些比较客观的建议。但从我自身来讲，我的大儿子没有上过衔接班。因为通过对孩子在幼儿园这几年的观察，孩子还是具备一定的学习习惯和学习能力的，小学入门的东西应该难度不大。其他的，像人际交往、作息调整、专注力、卫生习惯、自理能力等都急不得，要根据具体情况慢慢来。

一转眼，儿子也要上初中了。作为小学老师，我突然没有了初小衔接时期的底气。这个问题也是我特别想问的。这位家长提问之后，我也马上开始思考：是啊，是心理上还是知识上？哪个衔接更重要？同时，我也为即将回答这个问题的初中校长捏了一把汗。这个问题不好回答，说心理上还好，要是说知识上该怎么衔接？

面对这个问题，坐在主席台的两位初中女校长倒是十分淡定，她们相视一笑，马上达成了某种默契。一位校长开始答复。她没有直接回答，而是提了一个有趣的问题："请问这位家长，每天早晨是什么让你醒来，是马上要到来的一天的工作任务，还是心理暗示要醒来？"这位校长顿了顿，"是啊，每天我们会在一个时间醒来，但不是因为任何原因，而是因为我们习惯了这个时间醒来。这就是习惯的力量。您的孩子要上初中，小初确实需要衔接。我认为比之心理和学习知识方面，更重要的是要培养孩子学习的好习惯，这才是小初衔接的重点！"

听罢，我不禁暗暗给这位校长叫好。这不仅是智慧的解答，更加体现了她对教育规律的深刻认识。

学生们在校园遇到的学习上的挫折，特别是在每个学段的初期，大多数与孩子的智商没有直接关系，而是与习惯有关系。我们常把习惯分为学习习惯和行为习惯，学习习惯影响学习，行为习惯影响生活。其实，习惯的培养并不是割裂的。一个孩子吃饭的时候或是拖延或是一味求快。这样的孩子在写作业的时候往往也是这样，或是拖延或是求快。现在，"写作业"成了很多家庭的心病，甚至网络上关于辅导作业的段子层出不穷、生动形象。对于"拖延症"，与其束手无策，不如从吃饭这样的习惯开始入手。

有一种说法叫作"积懒成笨"。"懒"是一种习惯，"笨"是一种表现。但为什么会"懒"，原因可能是多方面的。我见过一个一年级的孩子小C，刚开学第二个周就忘带语文书。第一天老师就是提醒了一下，结果第二天他又忘了，老师有些生气便批评了几句。小C好了几天，隔一个周又一次忘带。老师失去了耐心，生气地让他站起来解释原因。孩子低着头，支支吾吾地解释了半天，旁边的孩子跟着看笑话。像这样的事儿不大，但今天影响一点，明天影响一点，日子久了，小C在语文学习上就成了一个落后者。对他的解决之道不在学习习惯的培养，而在良好的整理习惯的培养。所以，家长要多关注自理能力的训练，不要让孩子再丢三落四。

建议四

享受最好的独处时光

　　工具性与人文性的统一是语文课程的基本特点；也就是说，孩子在学习语文的过程中，要会用语言文字与人交流。在实践运用的同时，吸收古今中外的优秀文化，提高自己的修养。其中，特别可贵的是人文性。如果说哪一个学科能够促进人自身的精神成长，那就非语文莫属了。

　　当下，阅读是整个社会都在提倡的。阅读的意义，名家都有论述。《朗读者》《中华诗词大会》等节目的热播，也掀起了一阵阵全民阅读的热潮。总之，不管是为了应试或是展示才华，还是为了个人成长的需要，阅读都是颇有意义的。

　　众多意义中，我特别钟爱一种观点，那就是"阅读是最好的独处"。

　　当你捧起一本书，便只有你和它。允许没有分享，允许独自嗤笑，允许陷入沉思；周遭的世界似乎与你无关，这完全是你的天地。

　　我经常去书城。特别是到了暑假，这里成群坐在地上读书的小朋友也是一道风景线。我遇到过一位带孩子来看书的妈妈，她看到孩子在看一本探险类的漫画书，脸上充满了嫌弃。她提醒孩子："看这些漫画有什么意思，多看点儿全是字的书嘛！"我偷眼看看这个男孩儿，十岁左右的样子，瘦瘦高高的。他捧着的这本书，讲的是一群孩子到一个陌生国度探险的故事。听到妈妈的提醒和劝告，孩子嘴里答应着，眼睛却始终没有离开过那本书。

妈妈见劝说无效，便不再理睬，我却好奇地观察起这个孩子。他的整个身子倚在榉木的书架上，两条长腿蜷曲着，保持着并不怎么舒服的姿势而丝毫不觉。大约是看到什么有趣的情节，他把小脏手伸到嘴边，啃起无名指上的倒立刺，嘴边还悄悄泛起一丝不易察觉的微笑。

不知为什么，那个男孩儿读书的姿态常常会浮现在我的眼前。我不禁猜测，这是一种什么样的感受呢？这种感受不同于球场上的尽情宣泄，不同于教室里的丝毫不敢游离，不同于买到喜欢东西的兴奋；不知不觉也凝心静气，平静，自然又舒服。

为了学好语文，我们倡导整本书阅读，倡导体验和感悟，那么，至少要想办法让孩子真正体验一下与书独处的时光。

很多学校开放图书馆，让学生课余时间读读书。我觉得这样的做法太棒了！这样做，不仅能给学生提供海量的图书，更加可贵的是这里是学生与书相遇的机缘。学生究竟拿起哪本书其实并不重要，重要的是在静静地、不被打扰地读书，而且读进去了。

就像我现在，坐在书城一角的小咖啡馆里，听着慵懒的爵士乐，指尖在电脑上敲击；身后几个漂亮的小姐姐在聚会，轻轻地聊着老公和孩子。每个人都是不被打扰的。

我们绝大多数是普通人，很难遇到那么多的离离合合、聚聚散散，更极少会有大喜大悲、大福大祸。无起无伏的一天又一天，哪里来的丰富、成熟和深刻呢？

当然，我们的生涯中，也许不需要那么多的丰富、成熟和深刻，但我们有七情六欲，我们有权利品味各种不同的人生感受。董卿说："我始终相信，我读过的所有书都不会白读，它们总会在未来日子的某一个场合帮助我表现得更出色。"叶嘉莹说："我最大的遗憾，还是我小时候读书读得不够。"白岩松说:"人最高的一种境界就是和自己相处,并让自己开心,但这种能力,大部分的人都没有。"

独处是一种心灵的宁静。它不是孤独。恰恰相反,它让我们有力量抵御孤独。

语文老师的智慧,一定不是通过强迫,让学生读了、背了哪些书;而是给孩子们播下一些种子,让学生在不知不觉间体验到破土成长的味道,感受到其中独特的乐趣。于是,他们诚挚地喜欢这种感受,发自内心地去寻找这种感受,并想一次又一次地体验这种感受,像你我一样,曾真正享受过阅读时独处的美好时光。

儿子、女儿在家经常会因为一点儿小事而吵吵嚷嚷。此时,如果我是捧着一本书,孩子们便不再烦我。因为,他们知道妈妈很难抬起头,妈妈正在享受最好的独处时光……

建议五
对某一个作家感兴趣

疫情之前，带着儿子去英国，我选择了自由行。不跟旅行团，很大的一个原因是我想去一个地方好好看一看。那就是简·奥斯丁在距离伦敦不远的小城巴斯的故居。

简·奥斯汀21岁时写成她的第一部小说，题名"最初的印象"。她与出版商联系出版，没有结果。十几年后，《最初的印象》经过改写，换名为《傲慢与偏见》得以出版。喜欢奥斯汀就是源于这本小说。它始终被放在我的床头，我前后读过不下10遍。

后来，我对这个英国女作家产生了浓厚的兴趣。嫁个有钱的丈夫是那个时代女子的上佳选择。可她不仅拥有聪慧的头脑，更加拥有一颗坚定的心。她终身未嫁，从没过上富足的生活，更没有成为巴斯曼尼顿豪宅的女主人，但她却留下了《傲慢与偏见》等烛照后世的数部经典小说和她的芳名。这是何等的特立独行！

因为感兴趣，所以我买了不少她写的书。甚至牛津大学博德利图书馆授权出版的一本关于她的研究的书，是汇总了诸多史料所编撰的，我也开心购入了。这本书中尽是关于她生活的真实小细节，对每一本曲谱、每一件衣服、每一封书信都有仔细的考究。别人可能觉得无趣，但我读得津津有味。

小时候，大家酷爱读武侠小说。金庸、古龙、梁羽生、温瑞安被尊为

"四大宗师"。我的一个闺蜜独爱金庸，几乎看遍了他的所有作品。她是金庸的铁粉，对金庸的生平事迹津津乐道。从她的口里，我知道了金庸写武侠小说只是兼职创作，他移居香港后从事的是新闻行业，后来自己创办了《明报》，参与香港特别行政区基本法的起草，成为企业家、政治评论家和社会活动家。他还喜爱电影和芭蕾舞，做过编剧，拍过电影。

我的这位闺蜜不甘久处熟悉的环境，随老公去了上海。她做过许多工作，也遇到过很多困难，但她始终乐观，总是满怀热情地尝试体验可能会有些不一样的人生。

我也专门读过金庸的传记，从他童年的经历就不难感受到他的才华和傲骨。他的成名虽有着时代的烙印，但确实称得上传奇。时隔多年，我不敢说朋友的性格里哪些是受金庸影响的，但是，对这种风格作家的欣赏，一定已经融入了她的血液，影响了她对人、对事的态度。

在我小时候，金庸的书被多数人认为是闲书，甚至我还听说一些学生在课堂上读武侠小说，被老师罚站、撕书。现在的孩子们还在读武侠小说吗？我还真的带着这个问题考察过几个书店，金庸的作品仍有一席之地，但孩子们更多地被玄幻小说、穿越小说所吸引，读金庸、买金庸的书的大多是我们这些中年怀旧的人。

当然，并不是说孩子一定要读金庸的书而不能读玄幻和穿越小说。侠义精神、宏大叙事、演绎了的历史故事、融入作家个人好恶的人物形象……其实，现在的很多玄幻和穿越作品做得也不错。我想说，每个学生还是应该读一些"闲书"，特别是能够有一个真正能够让他感兴趣、觉得敬佩、想多了解一些的作家。这个很重要！

"只见一个白衣男子正在弹琴，周身树上停满了鸟雀，与琴声应和。过了一会儿，空中振翼之声大作，四下里又飞来无数鸟雀，上下飞翔，毛羽缤纷，蔚为奇观。"这是《倚天屠龙记》中人物出场的风姿。现在孩子的脑海中会出现众多特效场面，而在二十几年前，想必那时孩子们的脑海中是另一番场面。而作家金庸，他构造出这样的意象时，心中又是怎样的所想？这些事情想想就会让人觉得很有趣。

我们不能强求孩子们喜欢什么样的作家，但是可以让他们知道，每一个作家都可能是有趣的、值得研究的。

J.K.罗琳曾栖身于爱丁堡一间没有暖气的小公寓里。找不到工作的她，只好靠着微薄的失业救济金来养活自己和女儿。24岁那年，罗琳在去伦敦的旅途中，一个瘦弱的、戴着眼镜的黑发小巫师，一直在车窗外对着她微笑。他一下子闯进了她的生命，使她萌生了创作哈利·波特的念头。虽然当时她的手边没有纸和笔，但她开始天马行空地想象哈利·波特的故事。于是，哈利·波特诞生了——一个10岁小男孩，瘦小的个子，乱蓬蓬的黑色头发，明亮的绿色眼睛，戴着圆形眼镜，前额上有一道细长、闪电状的伤疤。

阿加莎·克里斯蒂曾随母亲前往巴黎的寄宿学校求学。母亲的心血来潮和阿加莎·克里斯蒂喜欢新鲜感的个性使她在巴黎又两次转学，最终主修钢琴演奏和声乐。虽然她凭借优美的嗓音一度被认为很有前途，但她的表演恐惧症还是使她不得不理智地放弃了音乐家之路。不满20岁的阿加莎在母亲的鼓励下完成了她的第一部长篇小说习作《白雪覆盖的荒漠》，并得到了邻居——小说家伊登·菲尔波茨的热心指点。作家梅·辛克莱、加斯顿·勒鲁的作品对阿加莎·克里斯蒂产生了很大的影响，尤其是后者的《黄屋之谜》激发了她创作侦探小说的热情。可姐姐麦琪却认为阿莎·克里斯蒂写不了侦探小说，这反而更坚定了她创作的决心。

……

每一个作家的背后，都有着独特的人生轨迹。每一种经历对我们的孩子都会是一种启示。我特别鼓励孩子们多读一些符合自己阅读能力的人物传记；因为，能够深入了解一位作家，真的是一件很有趣的事。

建议六
好老师自己就是语文

　　一位好老师并不是碰巧去教数学或诗歌而已，他本身就体现着数学或诗歌。好老师和他们所教授的知识已融为一体。

——［加拿大］范梅南

　　我认为，让一个对语言文字不敏感的人来教语文，这对他来说是一件很痛苦的事；但让一个对语言文字特别敏感的人来教语文，这也是一件纠结的事。老师在备课的时候，有些文章读起来特别有意思，课堂上讲的时候充满激情；有的文章自己读来就觉无趣，但仍要讲给学生，课堂上自然略有漫不经心。

　　其实，对文章有品读就会有鉴赏，有鉴赏就会有好恶之感，这是无可厚非的。语文老师在课堂上表现出对文章的个人观点，正是深度阅读的体现，也在反映着一种学习语文的思维方式。

　　语文的核心素养，包括语言的建构与运用、思维的发展与提升、审美的鉴赏与创造和文化的传承与理解。

　　学习语文的正确打开方式是什么？读一本书、一篇文章能获得对语言和文学形象的直觉体验；能联想和想象，丰富自己对现实生活和文字想象的感受与理解；能够辨识、分析、比较、归纳和概括语言和文字形象；能用基本的语言规律和逻辑规则分析、辨别；能够准确、清晰、生动、有逻辑地表达自己的认识并与人交流；能够运用批判性思维审视、探究和发现，形成自己的认识；能自觉分析反思，提高语言的运用能力和思维的深刻性、灵活性、敏捷性和独创性。简言之，学习语文的正确方式是能够体验、欣赏、鉴别、评价。

好的语文老师自己就是语文，是具有思想力的并具有将语文课程引向生活本身的对课程的综合理解力。

能够遇到一位真正热爱阅读和写作的老师，是学生的幸运。我认识一位初中历史老师，他会情不自禁地用诗歌去表现世界，让看似平淡的生活诗意起来。在生活中，他不会在课间休息的时候手臂下面夹着一本诗集，也不会有什么看起来古怪的言行。他非常温和，总是微笑。我想，因为他的心是诗意的。即使每天走过无数次的教室之间的走廊，在他看来，都可以是新意的、意象的，都是可以写进自己的诗里的。这样的老师，不必宣扬，会自带一种风格。那是他的方式，是真正的"我"。我想，他教的班级的语文老师会很开心，因为学生们有了模仿的范本。

被学生模仿是一件很有压力的事儿。学生对老师言行不一致这个问题非常敏感。久而久之，学生往往不会被老师虚伪的热情、表面的善良或假装的知识渊博所欺骗。

因为工作繁忙、家庭负担等诸多原因，很多老师没有读书的时间，更准确地说是缺少了读书的情境和心境。老师们会把整本书阅读作为作业、设计成考试的题目，但可能自己从未读过。老师们的难处我很理解。但这样做学生们会有看法。有的学生心里会想："为什么你让我们读而自己却没有读过？""你写文章是为了功利，而不是真正的兴趣！"

当语文老师在学生心目中是真正的渊博、有独立的鉴赏力并充满激情的人时，才会成为学生模仿的榜样，言传身教才会真正发生。这样的语文老师不仅仅会影响学生对语文学习的态度，也会影响学生的人生态度，成为学生成长的重要人物，成为他们的人生导师。此时，老师如何做人、做事，都会对学生起到引导作用，并产生实质的影响。

特别要提醒的是，与学生相处是很微妙的。有时我们认为自己的言行应该会对孩子产生很好的影响和教育作用，但在孩子那里并不是那么回事。

在地铁上，我曾经偶然听两个初中女孩儿评价一位老师："成天引经据典，自我感觉良好，就会卖弄！"我想，这一定是一位很有文采的老师，应该也是热爱阅读和写作的老师，他为何却得到学生如此的评价？

可以想象得到，课堂上，这位老师引经据典时可能有意无意流露出炫耀的神采，对由于年龄和经验所限远不及自己渊博的学生，缺少了一些同理心。师生关系是很微妙的，有时通过你的一个眼神、一个动作，学生就能感受到你的想法。特别是当你没有做好充分的备课就走上讲台时，无意间流露出的心虚是学生是能够捕捉到的。

我想，能够让学生喜欢的语文老师，至少是这样的：懂得多，热爱读书和写作。因为这些语言文字真的很美，它们曾给老师展现出了一个瑰丽的世界，老师也真诚地希望学生也能看一看，感受一下。这是一种分享的态度，是一种无意流淌出来的尊重。学生不会觉得你高不可攀。即使有时语文老师身上有一些迂腐的味道，学生也会觉得分外可爱、依然可敬。

有机会，希望老师们能用一种自然的方式多了解一下学生眼中的自己。可能不是我们想的样子、希望的样子，但一定是真实的样子。我始终认为，对一个人最顺耳的评价就是："他是一个好人！"对一位语文老师，来自家长的最美妙的评价就是："他（她）是一个好老师！因为他（她），让我的孩子喜欢上语文课。"

建议七

好文章要大声读出来

我教的每一届学生都有一个共同点，那就是朗读水平会有很大差异。总有一些孩子朗读起来声情并茂，抑扬顿挫，声音洪亮；也总有一些孩子声音极小，逼着老师总是一遍又一遍提醒："声音再洪亮些就好了！""能大声地读一遍吗？"

大约10年前，我曾做过一个历时2年的小小跟踪实验。小A、小B都是属于张不开嘴朗读的孩子。小A是小姑娘，性格偏内向，胆小不自信，平时就不太爱说话。小B则是个大大咧咧的男孩子，平时和同学们玩的时候很正常，一到语文课上声音就小得像蚊子哼哼。

训练朗读时，我对这两个孩子所用的办法不一样。小A比较敏感，每次到了有感情朗读的环节，我一般不会第一个叫她，也不会最后一个叫她。因为第一个压力比较大，如果没有读熟练，往往发挥不出水平。最后一个最好是几遍之后有提升，给其他学生比较好的示范。所以，我常常把她放在中间。而且我经常会走到她的身边，和她同向站立；只要她读得有些起色，我就亲切地看着她，给予她鼓励。

读过几次之后，小A似乎也知道了我的套路。第一个同学起来读的时候，她会在下面很认真地跟着读。就这样，我几乎每次新授课都会至少叫她起来读一次，并且坚持了将近2年。即将毕业的时候，我记得有一次年轻老师来听课学习，这对孩子们来说也是公开课了，我看得出他们有些紧张。

朗读环节有几句人物对话，我叫三个孩子起来合作读，小A也在其中。说实话，我并没有听到较之两年前的巨大反差，她的声音还是小小的。虽然从她的表情和声音里我感受到她成长后的沉稳，但在朗读方面并没有质的变化。

再说小B，我会直接拍拍他的后背，说道："小伙子，大点儿声！操场上的劲头去哪儿啦？"他也总是小脸儿一红，憨憨地一笑，临近毕业的时候好像还是如此。

对这两个孩子的朗读训练，我真是没有啥成就感。是训练得不够、鼓励得不够还是方法有问题？在小A身上我是真下功夫了，叫她起来回答问题的频率也很高。听孩子妈妈说，她从二年级就给孩子报了小主持人班，但作用不大。

十年之后，我再看当时的困惑，似乎已经不是什么问题了。

多元智能理论的创始人哈佛大学心理学教授加德纳认为，人的智能有八种：语言智能、数理逻辑智能、视觉空间智能、音乐智能、身体运动智能、人际关系智能、自我认识智能和自然智能，其中语言智能被列在首位。

朗诵看似简单，实际上需要对学习对象进行感知、记忆、想象，是一种伴有情感发生的多种感觉参与的复杂心理过程。把文字语言转化为有声语言是需要创造性的，属于高级口语表达的范畴。

一个孩子不擅长朗读的原因很复杂，而训练的过程也不会那么容易。如果老师对孩子声音小、不擅长朗读只会充满嫌弃，而没有实质的训练办法和技巧，那对于孩子来说只会是对自信的打击。

同时，对于朗读，我也有了一些新的定位。叶圣陶先生曾说："吟咏的时候，对于探究所得不仅理智地理解，而且亲切地体会，不知不觉间，内容与理法化而为读者自己的东西了，这是最可贵的一种境界。"

也就是说，能读出来，就很好！

有感染力的朗读很好，没有感染力的朗读也不错。董卿主持的"朗读者"节目，其中也不乏朗读水平一般但听起来依然很打动人的朗读者。读给别人听的可以是情绪，可以是内容。朗读者是经历者，他本人就是一种情境。当你能够把自己的作品或别人的作品读出来的，哪怕有一点能够打动人们，那就很美好了。

电影《成为简·奥斯丁》，开头和结尾都有女主角立在壁炉边，为簇拥着的亲友朗读的场面：密密麻麻地坐着、站着的人，都那么安静；将自己的文字读出来，尽情地表达自己的情绪而不被讥讽嘲笑。与其说是因为那个时代娱乐方式乏善可陈，我更认同的是一种彼此尊重与社会文明的体现。

我们的孩子们喜欢朗读、懂得朗读吗？他们愿意把好的文字读出来，而不仅仅是为了完成任务吗？相信我，读得好与不好真的不那么重要。

2～3岁是孩子语言发展的"爆发期"。当你发现孩子喜欢编故事、喜欢重复听到的话、脸上充满丰富的小表情，那么请认真地看着他（她），听他（她）把话说完，然后认真地告诉他（她）："真有意思！妈妈（爸爸）喜欢听你说话……"

这比起看似徒劳的训练，有意义得多。

建议八

试着换一种方式前行

儿子小学毕业后，为了避免他暑假里整日"宅"在家里，我便找了一所篮球培训学校。第一次试训后，我感觉教练很专业。虽然场地比较简陋，但好在离家近，每天去倒也方便。我便和孩子商量每天去训练一下。

当着教练的面，儿子没有拒绝，但面露为难的神色。我心里咯噔一下：看来这小家伙不喜欢。果然，回家的路上他明确表示坚决不来训练。无论我怎么劝说，他都不为所动。我问他原因，他也说不出来，反正就是不想去。

儿子有一个优点，就是比较尊重我的意见；有时开始不同意，但经不住我的反复劝说，最后也就妥协了。这次，我本想也采取这个策略，但随后又想，强扭的瓜不甜，只是为了让孩子锻炼一下，没有必要搞得那么复杂。

我想起朋友说过，他曾经找优秀的大学生家教陪着孩子学习，效果不错。于是，我也试着找一位会打篮球的大学生来做家教。最后通过中介介绍，一个在读大三、篮球打得很棒的小伙子来到我们家。每天陪儿子学习之余，他还拿出一个小时和孩子一起打打篮球。这次儿子特别喜欢，除了打篮球外，还可以听大哥哥讲一些大学里的见闻。小伙子特别爱干净，总是穿雪白的T恤衫和袜子。儿子也模仿他的样子，让我买来白色T恤衫，自己从橱子里翻出从未穿过的白色袜子。中午，他们还一起到临近的大学食堂吃饭，很是合得来。

我想说，很多时候，我们不懂孩子的感受，毕竟年龄、时代变了，有代沟很正常。很多时候，我觉得为了孩子好，坚持让孩子先照着我的方式来，渐渐地，孩子就会理解我的良苦用心，这也无可厚非。但是，路不只有一条，我们也不能太过于坚持和固执。

有一个著名的"南风效应"，南风和北风比赛，看谁能让路人脱下衣服。北风呼呼地刮，想吹掉人的衣服，结果只能让行人将衣服裹得更紧。而南风伴着阳光，暖暖地吹到人身上，路人觉得暖和，就把衣服脱掉了。

目的同样是让人接受，方式可以是多样的。所以说，很多时候没有必要钻牛角尖，可以尝试换一种方式前行。

培养孩子读书的习惯是一件不容易的事。很多家长耐不住性子，和孩子大吼大叫。"为什么你就不能多看看书？""你看人家孩子，一回家不干别的，就是看书！""书架上这么多书，都是摆设吗？""不准看手机，看书去！"像这样的话，不少家长反反复复地说，孩子却在与手机、电视、游戏的对峙中一次又一次地败下阵来。

其实，读书与其他娱乐方式相比，还是有它的优势的。要想让孩子坚持读书、喜欢读书，还真的需要用一些方法。

第一，要管住自己的嘴。唠叨是最简单的方式，也是最无效的。唠叨除了有利于大人宣泄情绪外，对孩子是没有丝毫的作用。

第二，要正视读书在孩子生活中的分量。在信息爆炸的现代社会，作为网络的原住民，孩子们获取信息的方式多元化，途径很丰富。要想让孩子手不释卷、一心只读书，实在是没有必要。

第三，要读书，先选好书。什么样的书是好书？我认为孩子能看进去的，是适合他的，也就是好书。教材中推荐的、老师要求的整本书阅读是必须要读的；其他的，要看孩子的兴趣。有的孩子这阵子喜欢恐龙，那阵子又爱上科幻。我们没有必要告诉他们恐龙没什么意思、科幻都是假的，而应该表现出兴趣：恐龙好啊！科幻有不少著名作家哦……捕捉孩子们每一点可能的兴趣火花，让他们感觉到不是为了读书而读书，而是从书中得到其他方式得不到的东西。

第四，有机会多给孩子朗读。

前面的建议中我提到过朗读的好处。有一些学校曾经开展"接力读书"的活动：把一本书放在教室的讲桌上，每天来上早自习的老师，第一件要做的事就是拿起那本书，找到前一天老师读的那一页，接着读下去，每天10分钟。

这样的活动出发点非常好。这些学校开展的实际效果我不得而知。但这样的活动落实起来可能会遇到很多难题。要让所有学科的老师都能认同朗读这件事；只有认同了，才能不以完成学校任务的心态应付。毕竟，一位数学老师走进来，一脸烦躁地拿起书，给学生浮毛潦草地读上几句，然后说："好了，不耽误时间了，赶紧拿出数学验算本！"这也实在太煞风景。

所以，给孩子读书也罢，讲故事也好。老师和家长都请安下心、静静气，带着对书里内容的兴趣给孩子读一读，这样的引导才会是有效的。

第五，要和孩子讨论一些书里的细节。

这对于大人的要求比较高，首先你要看进去。有些时候，对于孩子的观点，特别是有些稚嫩的想法，我们不要急着肯定或否定。"哦，你是这样想的，我怎么没想到！""我没理解，能再说一遍吗？""你等等，在哪里这样写的，让我再看看。"……尤其不必夸张地鼓励，对你的言不由衷孩子是能够感受到的。我们只需要引导孩子自己继续深入和全面思考，这个过程对孩子来说是有点儿意思的，也是能吸引他们继续读下去的动力。

第六，要调动伙伴的影响力。

同龄孩子之间的影响，很多时候比我们想象的还要大。我们小时候基本住在同一个学区里，一到放假，老师会让住得近的同学组成学习小组。现在几十年过去了，我还清楚记得和学习小组的同学一起学习的场面。

12年前我曾经教过一届学生。这个班有几个特别优秀的女孩子，学习一直是各科接近满分的水平，其中一个是班长。在六年级毕业那年，她在和我的一次聊天中透露，我们班的这几个优秀的孩子都在联机打一款和"三国"有关的游戏。当时游戏还不太普遍，我不太了解这款游戏，便只能不动声色。后来我了解了一下，这款游戏还是比较耗费时间的。我不禁担心起她们的学习来，于是和班长又做了一次深度交流，试图扭转一下这种局面。孩子告诉我："纪老师，大家都在玩儿，你要不会的话，和其他人都没有共同语言呢！"我很懊悔没有及早发现，但因为没有太影响她们的学习成绩，便没有一棒子打死，只是暗示这些优秀的孩子们不要耽误学习便作罢了。

在这里，我不想展开关于游戏的话题，只是想表达学生之间的影响的力量。有时候我们需要洞察，需要发现，并善于引导。不要忽视这种影响的力量，要善于激发这种影响，这也是一种很好的方式。

教育孩子的方法有很多很多，我们一定不要被自己的惯性思维困住。我们要有发散思维，懂得变通。当孩子出现问题时，我们先要考虑，是不是我们没跟上孩子的成长，我们是不是需要换一种方法。试着换一种方式前行，应该成为我们的思维方式。同时，经常这样想也是一种反思的习惯，让我们在遇到很多问题的时候能够释然，能够耐下性子，能够有学习的态度，从教育中渐渐产生出智慧来。

建议九

持续培养学习的自信

经常听身边的老师这样对家长说："现在孩子的智商都差不多，关键在于自己的努力！"很多家长会认为这是一种善意的安慰。但我想说，智商确实是呈正态分布的。在人群中，特别聪明的人和天资特别愚钝的人是少数，多数学生的智商确实差不太多。

我教过好多学生，小学时候成绩平平，甚至有的学习还比较困难，但几年后奋发努力，高考发挥出色，考上了心仪的名校，有几个现在正在读硕士、博士。我很庆幸我在教学中没有歧视任何一个学生。无论学习困难的学生成绩如何，我都只会就事论事，不会拿学生的智商来侮辱或是讽刺他。

那么，是什么影响了学生的学习和后续发展呢？从不同角度回答会有不同的答案，其中的一个重要因素是学生对自我的认知。认为自己能够做到，他就会努力。认为自己努力了也做不到，他往往会放弃。这也就是我们常说的——自信。

2021年，一位伟大的心理学家的逝世引起了颇多的关注。他是美国当代著名心理学家、新行为主义的主要代表人物之一、社会学习理论的创始人——阿尔伯特·班杜拉。我认为他最大的贡献不仅是在心理学理论研究方面的杰出成就，更重要的是将心理学知识应用于公益事务的热忱和成功。

班杜拉认为："人必须拥有一种自我效能感，才能应对人生中不可避免的阻碍和不公，走向成功。"

举一个生活中的例子。我儿子9岁时，某天在小区玩。我看到和他年龄相仿的孩子在玩一种可以扭动的滑板，就给儿子也买了一个，鼓励他也学一学。他试了两次，发现很有难度，便想放弃。我鼓励他再多练几次，他拒绝。过了几天，有一个个头和儿子差不多的男孩子拿来新滑板，也开始学习。那个孩子试了两次没有成功，又再试，最后勉强成功。儿子在旁边直到看到小伙伴成功了，他才再试。这一次，他比第一次时多练了几次，第五次时最终也成功完成了。经过一段时间的练习，他很快就滑得很熟练了。

班杜拉认为："当一个人看到或者想象与自己水平差不多的示范者获得成功时，能够提高其自我效能判断，增强自信心，确信自己有能力完成相似的行为操作。"

关键词是"自我效能感"。自我效能感是个人对自己完成某方面工作能力的主观评估。评估的结果如何，将直接影响到一个人的行为动机。即使个体知道某种行为会导致何种结果，但也不一定去从事这种行为或开展某项活动，而是首先要推测一下自己行不行，有没有实施这一行为的能力与信心。这种推测和估计的过程，实际上就是自我效能的表现。

自我效能感高的人，常常倾向于选择既适合自己的能力又富有挑战性的任务，而自我效能感低的人却恰恰相反。一个人在某一方面的自我效能感越高，预测到的成功可能性越大，他就越会努力去尝试这些方面的活动，新行为持续的时间也越长；反之，就会逃避那些自己认为不能胜任的活动，行为的坚持性也就越差。

自我效能感高的人，多较为自信，勇于面对困难和挑战，相信自己通过努力可以克服困难，因此，会尽力去实现自己的目标；相反，自我效能感低的人，则会怀疑自己的能力，因而在困难面前犹豫不决、不知所措，甚至对能够完成的任务也不敢付诸行动。

自我效能感低的人，总是担心自己会失败，把注意力放在个人缺陷和潜在困难上，导致紧张、自卑、注意力涣散、记忆力下降，甚至产生无助和无所适从感，从而导致行为能力和行为效率低下；相反，有强烈自我效能感的人却把注意力集中在积极分析问题和解决困难上，知难而上、执着追求，在困难面前常常使得解决问题的能力得以超常发挥，行为能力强，行为效率高。

人们通常把成败结果归因于努力、能力、运气和任务难度等四大因素。自我效能感高的人，常常把失败归因于自己的努力不够；而自我效能感低的人，却往往将失败归因于自己的能力不足、天资不够。

学生在语文学习的过程中，总会遇到困难。自我效能感的高低会影响到人克服困难的毅力和决心，影响人行为的坚持性。与此相关的一个很好的例子就是"习得性无助"。习得性无助的概念最早是由动物学习理论家（Oermier and Seligman，1969；Seligman and Maier，1967）提出的。他们通过研究发现，当动物（狗、白鼠等）被置于难以逃避的电击区域时，起初它们试图逃避，但经过一段时间的尝试，发现都无法取得成功后，它们的反应明显变消极了；再次把它们放入相似的环境中，它们便会放弃努力，虽然在新的环境中只要稍做努力就可以逃脱，这种现象被称为习得性无助。不仅动物，人也会形成习得性无助，一旦形成习得性无助，再次遇到相似的情况，便会放弃努力。分析其作用机制可以发现，只有当人把失败归结为不可控制的因素时，才会形成这种无助感，而不可控制的原因就是自我效能感的低下。这个经典实验很好地证明了自我效能感低的人更容易放弃努力。一个学生如果认为自己没有"语文细胞"、语文学习方面的自我效能感很低时，便会很容易向困难屈服；而自我效能感高的学生，就会想出各种办法去解决问题，而不会轻易放弃。自我效能感高的人所付出的努力与任务难度成正比，自我效能感低的则相反。

　　我们认为做某件事成功的可能性很大时，往往会积极乐观，情绪饱满，主动性也更高。能力与兴趣是可以相互影响的。在某一方面能力强的人，往往也会表现出更大的兴趣，这一点在学习方面表现得很突出。学生对某一学科感兴趣，十有八九是因为在这一学科上取得了很好的成绩。而兴趣又可以使人更加投入，获得更好的成绩，从而促进能力的增长。这便形成了一种良性循环。与此相似，自我效能感高的人，会更有兴趣从事某一活动。在行动的过程中他们会更加主动地去寻找解决问题的方法，对外界的信息会更加积极地进行加工，从而更有可能获得好的结果；好的结果又能起到强化作用，提高个体的自我效能感。自我效能感高的人在解决问题之前，往往会从积极的方面去考虑问题，形成正向预期；遇到问题时，也会以一种乐观的心态来看待它，较少产生焦虑。

　　根据这些心理学原理，我们可以解释孩子的很多学习行为。我们强调要培养孩子的自信，这是一件非常重要的事情。作为老师和家长，都应该把它作为一个重要的课题和任务。那么，问题来了：如何做？

　　孩子的不自信，往往来自不能更好地完成任务。努力了，还是不如别人做得好。日子久了，孩子给自己做了评价——我就是做不好，我怎么努力也赶不上某某；最后归因到我不够聪明、能力不行，渐渐地失去了努力的热情。此时，家长和老师的作用就至关重要了。

　　首先，要想方设法增加孩子对成功的体验。

　　多次的失败体验会降低个体的自我效能感，多次的成功体验则会提高个体的自我效能感。当然，孩子成功的体验不仅仅来源于学业。前面提到过美国教育学家和心理学家加德纳提出的多元智能理论，每一个孩子总有他相对擅长的领域。体育、绘画、舞蹈……有的孩子掌握劳动技能特别快，说明他具有很强的动手能力。总之，在某个领域，没有付出多少努力，就能过关或者做得不错，学生就会感觉在这方面我很行、我是有能力的，进而对自己产生自信。

有的老师或家长忽略这些方面，只盯着学习成绩，而对孩子的长处视而不见，错失了培养孩子良好自我效能感的契机。

要提醒的是，有些项目是孩子喜欢并擅长的，有些是不喜欢但擅长的。比方说，一个孩子具有篮球的天赋，但是家附近没有篮球场，孩子没有机会打，对篮球也不感兴趣。这就是擅长但不喜欢的。家长要注意观察孩子，为孩子创造发挥专长的机会。

还有一个好的办法，是增加孩子的替代性经验。

孩子通过观察与能力水平相当的人的活动，获得对自己能力的间接评估，这是一种间接经验。它使作为观察者的孩子相信，当自己处于类似的活动情境时，也能获得同样的成功。

这种观察一定要在真实的情境下进行。有些行为，因时空所限，孩子观察不到，这时候需要家长和老师善于发现、及时引导。

这也启发我们，在表扬学生的时候，一定要关注处于不同水平的孩子，让他们有可能通过观察获得间接经验。

比如表扬学生的写字有进步，既要表扬写得特别工整的，更要表扬通过学习、努力有了一些进步的。有一次，班里一个孩子在我指导前，把字写在一行的中间。这些字看起来高高低低的，很不整齐。我建议他贴着横线的下线写字，注意字与字之间的距离。这样一来，他的新作业看起来很美观，虽然字写得没有多少进步，但因为格式和态度的调整，他的书写立刻有了进步。于是，我在班里表扬了他，展示了他的作业，讲解了他进步的小妙招，肯定他接受老师的建议的良好态度。

表扬后，我发现受到影响最大的是和他水平相近的孩子。他们相信，和自己处于相近水平的同学能够做到，自己应该也可以。

作为家长和老师，我们也要善于说服。

人们对自身能力的认识在很大程度上受周围人评价的影响，尤其是容易受到有威信或对个体来说比较重要的人的影响。

他人的指导、建议、解释及鼓励等在一定程度上可以改变自我效能感。当个体总能获得外界的关心和支持时，他的自我效能感就会提高。对孩子的"无条件地积极关注"会提高他的自我效能感。

但是，如果说服者的言语劝导与个体的实际能力不相一致时，一开始可能会增强个体的自我效能感，但经过验证后反而会加剧降低个体的自我效能感。这就是为什么不要夸大孩子的能力的原因。让孩子不能产生正确的自我认知只会适得其反，还是实事求是更好。与其对孩子说"你是最棒的"，不如说"你努力做到最好的自己，我为你骄傲"。

同样是失败的经验，它可能降低这个人的自我效能感，而不一定降低另一个人的自我效能感。只有把失败归因于自己的能力不足这种内部的、稳定的因素时，个体才会产生较低的自我效能感。而当个体把失败归因于运气、机遇之类的外部的、不稳定的因素时，则他的自我效能感不一定会下降。

成功的经验能否提高个体的自我效能感，也取决于个体的归因方式。只有当成功被归因于自己的能力出众这种内部的、稳定的因素时，个体才会产生较高的自我效能感；而把它归因于运气、机遇之类的外部原因时，并不一定能提高个体的自我效能感。

在与孩子谈话的过程中，要注意归因的正确引导，让孩子认可成功来源于自己的能力出众、自己的努力，从而提升自我效能。

引导孩子学会调节自己的情绪和生理状态。

奥运会射击冠军杨倩，在夺得冠军之后网传很多关于她的小故事。其中，一个小故事是这样的。在一次重要的全国赛事上，她居然睡着了，教练叫都叫不醒。由此可见她过硬的心理素质。的确，对生理反应的知觉会影响人的情绪，从而影响人的认知。高度的生理唤起水平比平静的反应使人更不镇定、更不自信，如紧张、焦虑的情绪使人对自己的能力产生怀疑，降低自我效能感。

还有一点值得关注，自我效能感绝不仅仅是由当前的活动结果和他人的评价被动决定的，在很大程度上它是由对先前活动结果的归因决定的；也就是说，孩子之前做过类似的事情获得成功，很大程度上影响他对自己的认识，会对以后造成影响。

所以，我们在孩子接受一项任务，特别是第一次接受某类任务的时候，要尽量关注和支持。如孩子有机会第一次主持学校的升旗仪式、第一次登台讲故事、第一次小组合作演讲等，家长要特别留意。因为孩子毕竟年龄小，会受到遗忘规律和紧张等因素的影响（关于"遗忘规律"后面章节会具体介绍）。当孩子在台上卡壳的时候，这种尴尬的经历会影响他对自己在公众场合表达的自我认知，再遇到类似场合会特别紧张和焦虑。所以，家长在孩子练习的时候一定要给予鼓励和督促，当孩子熟练到一定程度的时候也不能掉以轻心。最好能找一些不同的环境让孩子锻炼，像小区的花园、比较开阔的运动场等，让孩子站在台子上多练习，有了充分的把握再上台。

让每一次经历都成为成功的经验，是孩子自信的重要源泉。

建议十

学会正确地使用时间

　　多个版本的语文教材中都有《匆匆》这一课。《匆匆》是现代杰出的散文家朱自清写的一篇散文。文章细腻地刻画了时间流逝的踪迹，不论写燕子、杨柳、桃花还是太阳，都与"我们的日子为什么一去不复返呢"的感叹融为一体。全文渗透着作者对时光流逝的无奈和惋惜，成年人读起来颇为感慨，孩子们读起来也有些感觉。

　　我们一定要教育孩子珍惜时间！

　　是啊，自己回头看看，早已模糊的童年和工作以来的二十多年，都是转瞬即逝。自己似乎是旁观者，竟然感觉不到那一个个日子的痕迹。很多大人的童年、少年在努力拼搏中度过，因为正在享受着努力的红利，便也不想让自己的下一代虚度时光。

　　但是，一句"珍惜"实在显得空洞。如何才算是珍惜？很多孩子只会嘴上说，缺少正确的认识和实施的方法阻碍了"珍惜"的实现，不知不觉中日子一天天就这样过去了。

　　小学生珍惜时间，第一要提升时间利用率，只有提升了时间利用率，才能真正做到珍惜时间。比如，别人在同样的时间中只能看两页书，而有的小朋友却能够看三页书，而且记忆得也不错，那么后者的时间利用率就高。

纠正自己对时间的使用观念。小学生要珍惜时间，并不是每天都要非常紧张地学习，而是要张弛有度，有规律地作息和生活，才能够提升学习效率，真正做到珍惜时间。

小学生要注意学习和做事的方法。事半功倍的方法能够让孩子做事的效率进一步提升，这样在同样的时间内可以做更多的事情。

小学生们珍惜时间，要养成做事不拖拉的好习惯，要有自己的时间规划，指定的事情要在规定的时间范围内做完。

珍惜时间必须做好时间管理，凡事都要有计划，可以提前把自己想要做的事情计划好。

坚持时间管理的六项基本原则：

（1）明确目标；

（2）有计划、有组织地进行工作；

（3）分清工作的轻重缓急；

（4）合理地分配时间；

（5）与别人的时间协调好；

（6）制定规则、遵守纪律。

时间管理四象限法则：把工作按照重要和紧急程度进行了划分，基本上可以分为四个"象限"：既紧急又重要、重要但不紧急、紧急但不重要、既不紧急也不重要。大家每天所面临的事情都可以分为这四种类型，然后按照顺序完成，那每天就会保持高效地完成所有的事情。

（1）既紧急又重要的事。这一类的事情具有时间的紧迫性和影响的重要性，无法回避也不能拖延，必须首先处理优先解决。

（2）重要但不紧急的事。这一类的事件不具有时间上的紧迫性，但是，它具有重大的影响，对于个人具有重大的意义。

（3）紧急但不重要的事。这些事情很多时候会被误认为是既紧急又重要的事，因为往往在大家的观念中，只要是紧急那必定很重要，其实不是这样的。

（4）既不紧急又不重要的事。这一类的事没有任何的时间限制，也不重要，但是我们每天都会做。

建议十一

用改善的心态去改变

央视主持人张泉灵在一本育儿杂志上谈到对自己儿子晨晨的教育心得时，感慨颇多，也有一些无奈。她总结成一句话："我知道，但我做不到！"这句话道出了多少家长和老师的心声。

回到语文学习。很多好习惯、好方法，我们都知道、理解，甚至在自己学习中深受其益，像"认真倾听别人的发言""大胆表达自己的见解""提笔即练字""专心写作业""经常练笔，乐于记录真实的生活、真实的感受"……但是，在自己的孩子身上，这些好习惯却很难得到培养。

本建议以培养学生良好的写字习惯为例。我想，所有的老师和家长都希望自己的孩子能够写一手漂亮的好字。

2012—2014年，我个人申报了一项市级课题，曾就"小学书写教育存在的问题及对策"进行过专项研究。通过走进课堂听课、与教师座谈、学生问卷调查，发现写字教学在写字姿势的规范、学生的主动参与和写字教学时间等方面存在一些突出问题；其中，写字姿势的规范问题是特别棘手的。

正确的写字姿势是写好字的前提。在听课中，我观察到，学生写字姿势不正确的现象较为普遍。为了深入了解学生现状，2012年，我组织了一次面向全校学生的写字姿势普查，将写字姿势细化为"执笔姿势"和"坐

姿"两方面。通过普查发现，学生书写姿势存在"压指""靠下""抱笔""竖
直""靠上"等问题，写字坐姿存在"头低""侧坐""翘腿""歪头"等问
题。综合两者，全校学生写字姿势的正确率不足50%。以一年级为例，数据
分析如下。

表1 我校一年级学生执笔姿势数据分析表

班级	执笔姿势存在问题的学生人数					合计人数
	压指	靠下	抱笔	竖直	其他	
1.1	6	13	3	1	靠上1人	24
1.2	6	11	4	2		23
1.3	4	10	4	2		20
1.4	6	11	3	1		21

表2 我校一年级学生写字坐姿数据分析表

班级	写字坐姿存在问题的学生人数					合计人数
	头低	侧坐	跷腿	歪头	其他	
1.1	5	3	16	3	0	27
1.2	4	2	15	3	0	24
1.3	2	1	8	2	0	13
1.4	0	1	14	2	0	17

从整体来看，"靠下""压指""跷腿""头低"是主要问题。普查时，当
时一年级学生在使用区域统一配备的"矫姿仪"，"头低"的问题不突出；但
其他年级，此问题比较突出。

这些问题普遍存在于各所学校的学生身上。因为做课题的缘故，每次外
出听课我都会特别留心上课班级的学生的写字姿势，正确的不多，问题倒是
各种各样。我曾与一位资深教育专家探讨这个话题。这位资深教育专家笑着

说："不需要多么宏伟的教育目标，只要能保证走出你们学校的所有孩子都能写字姿势正确，你们就是全国独一份，最了不起的！"

　　为什么写字姿势这么难改？我们先来找找原因，主要有以下几方面。其一，写字儿童低龄化。为了不 "输在起跑线上"，孩子从幼儿园就开始学写字的情况较为普遍。孩子几岁开始学写字比较合适，国内外专家众说纷纭，普遍认可的一种观点是：在绘画能力逐渐发展到能完成9种图形后，儿童才真正具备文字书写技能所需的必要基础。正常发育的6岁以内的孩子，小肌肉群发育还不健全，这个时候盲目地握笔，骨骼会不堪负荷，手部力量也不够，那么握笔姿势就会不正确，一旦养成习惯很难纠正。其二，教师指导简单化。很多低年级教师不重视写字姿势的指导，没有认识到其重要性和复杂性，只是泛泛地教给学生正确的姿势，没有纠正不良姿势。其三，重结果轻过程。部分教师认为学生能写出好的字就可以，并不关注学生写字的过程。其四，指导缺乏恒心。有的教师虽然比较重视，但因学生形成习惯后很难纠正，就逐渐失去耐心，再加上多数学校并不将此项工作作为评价教师的标准，因而此项指导就成了教师的"良心活"。很多教师点到为止，流于形式。其五，课堂的问题。2012年，在面向330名低年级学生的问卷中，问到学生是否喜欢上写字课时，选择"非常喜欢"的仅为21%，"较为喜欢"的也只有36%，"一般"和"不太喜欢"的竟然占到了43%。

　　写字教学的课堂教学形态单一。较之阅读课，教师对写字课的研究较少。写字教学常态课中普遍存在着教师逐字讲解，学生逐字跟写，机械、大量练习的现象。因每篇课文后几乎都有十几个字，很多老师认为学生小、能力弱，指导要细致，所以非常认真，不敢放手，满堂灌一节课，学生被动接受。老师教得不轻松，学生学得也很辛苦。有些公开课不乏有一些好的策略，但往往是"看起来很美"，在实际教学中准备工作烦琐、耗时费力，面对大量的写字任务难以实施，被老师弃之不用成为摆设。

老师指导写字缺乏有效的评价机制。写字课往往就是老师讲、学生写；下课后老师批、学生改错，如此循环。好一些的老师能让学生互评，但时间不充分，也没有明确的评价标准，好的孩子用心评一评，不太认真的就应付了事，目标达成度不高。书写教育活动也存在评价的问题。多数学校以写字比赛为主要活动形式，优秀学生得到充分展示，但多数学生得不到发展性的评价和鼓励。学生写字的兴趣没有得到充分调动，缺少基于学情，更加游戏化、活动化，操作更为简便、更有实效的教学策略和教育评价方式。

写字时间也明显不足。2011版课标规定小学语文老师每天指导学生课堂练字时间为10分钟；但实际教学中，存在用指导写字代替学生练字、挤占写字时间进行阅读、习作教学，或是将写字放在课后作业中而缺乏老师有效指导等现象，尤其在中、高年级段每天保证10分钟是非常困难的。

除了学校和老师层面，我也做了近20位来自不同区域学生家长的访谈。100%的家长知道孩子的写字姿势正确与否，100%孩子写字姿势不正确的家长做过纠正，有8位家长还表示很重视，但是认为效果很好的一个家长都没有。

综合起来，造成孩子写字姿势问题的原因主要包括以下四方面因素。

（一）学校因素

学校层面缺少对书写教育的整体规划，将写字仅定位于语文教学中的一个环节，对学生良好书写习惯养成的重视不足，缺少针对教师写字教学的系统性指导与评价。

（二）教师因素

比起阅读、写作，写字没有非常明确的评估规则，很多教师对写字教学的认识不够到位。部分教师将写字仅仅定位在"把字写漂亮，能给人留下好印象"的层面，对写字教学研究的重视度、主动性、深入性不够。

（三）家庭及社会因素

随着电脑的普及，社会舆论和学生家长对汉字的书写产生了认识的误区。不少家长认为孩子写不好汉字是可以原谅甚至可以忽视的，因为电脑打字会代替写字，字写得好坏不再重要，甚至有家长认为花大量的时间要求学生写好字是不合理的、低效率的传统教学方法。

（四）学生自身因素

写字需要眼脑手相结合，是需要付出努力的。小学生正处在由"他律"向"自律"的过渡阶段，自主学习意识没有充分建立，与自己的惰性做斗争，坚持有计划性和持久性的写字练习都比较困难。

"我知道，但我做不到！"

的确，每一个看似简单的教育问题背后，都隐藏着复杂的影响因素。

从学校和老师的角度，我提几个建议。

（一）增强教师的责任感

提高育人质量的关键在教师。通过多种方式让每一位教师认识到：中国的汉字是中华民族的标志，是我们中华民族五千年文明的缩影。坚持写字，能让学生切实体悟到中华传统文化，其中的意义是非常深远的。写字还是一项十分精细的活动，要想把字写好，就得全神贯注、凝神静气，仔细观察字的结构，揣摩笔画的呼应、避让、穿插，并要脑眼手并用，准确控制运笔时的轻重疾徐；久而久之，就能潜移默化地改变一个人的心理素养，养成沉着、镇静的品质。作为教师，不能把写字当成可有可无的点缀，而要站在学生发展的立场上来充分重视书写教育，承担起自身的使命。

（二）多学科联动

写字姿势的纠正仅仅靠语文教师是不够的，不然就会出现"语文课上装样子，其他课上回常态"的情况，不良姿势的纠正还是不能落到实处。在学校里，应该是每一个教师齐抓共管、每一堂课始终如一。2012年，在普查的基础上，我面向全体教师进行了题为"我校学生写字姿势现状及纠正建议"的专题讲座，结合学校的普查数据，从"不正确读写姿势的危害""正确的读写姿势是什么""我校学生执笔姿势现状如何""各班学生不正确执笔姿势数据分析"等几方面进行了阐述，教给老师们用"一根橡皮筋"纠正学生执笔姿势的小妙招，老师们现场操作，掌握指导学生正确执笔姿势的方法。无论哪个学科的老师，只要学生动笔时，就要关注、提醒学生正确的写字姿势。

（三）优化写字课堂

1. 研究学段目标，确保教学提升度

小学阶段写字教学总目标是能正确、工整地书写汉字，并有一定的速度。而低、中、高年级不同年段的要求是不同的，不是一个"四线方格"指导到底，而是要有系统性，体现螺旋式上升。在语文教研活动中，我将学段目标作为专项进行研究，让老师们明确年段写字教学目标，在指导中正确定位，不拔高、不降低。

2. 研究指导模式，提升课堂教学实效

"饭要一口一口地吃，字要一个一个地写，写字教学研究也必须沉下心来，把握好每一个环节，帮助学生扎扎实实地掌握技能，提高水平。"我和老师们探索出"双结合、六步骤"的课堂指导模式。"双结合"即知识、技能与情感相结合，教师的指导与学生的自我体验相结合，在此基础上确立了"六步骤"指导模式，即"激趣导入—观察感悟—指导示范—描仿临练—合作品评—习得方法"。

以小学二年级"左右结构字"的教学指导为例。

（1）激趣导入。出示两幅图"找不同"，采用生动、有趣的游戏方式激发学习兴趣，训练学生的观察力。

（2）观察感悟。给学生充分的时间自主观察字的结构、笔顺、笔画，教师提炼总结方法。作为辅助，教师可以创编一些儿歌或者小动画帮助识记。

例如，为了让孩子更直观地感受到左右结构字"左窄右宽"的特点，利用《西游记》中的人物，让瘦子孙悟空和胖子猪八戒同时相遇在田字格。"如何能让他们站在格中间呢？"孩子们会发现，左边悟空让一让，让出一点位置给八戒。教师及时出示小儿歌："小瘦子左边让，让出一点给小胖，笔画之间互谦让，字宝宝真漂亮！"学生兴趣盎然、理解也非常轻松。

（3）指导示范。教师的示范有利于学生直观感受运笔过程中的轻重缓急，书写基本功好的老师通过经常性的示范也会起到很好的榜样作用。在指导学生写字时，我多利用投影，将每个字的笔画怎样写，一个字里各种笔画是怎样组成的，当堂写给学生看，使学生知道怎样做才是对的，对怎样起笔、怎样收笔，哪里轻、哪里重等都一目了然。

（4）模仿临练。练习的量不要大，最好3个字左右，让学生先描红。教师走到学生中间巡视，关注他们的写字姿势，及时发现书写问题，进行个别指导。

（5）合作品评。根据心理学家麦克·里兰德提出的成就动机论，让学生获得成功，获得成就感，具有可以促使学生积极进取、对学习任务感兴趣、在完成任务时充满信心以及力求获得优异成绩的作用。因此，评价环节必不可少。"星级评价法"是一种非常有效的方法。我们根据年段指导重点灵活确定"三星"评价标准。学期初，教研组长先带领组内教师将本学期要指导的重难点字归类，并研讨指导重点。课堂上，由教师先带领学生讨论把某类型字写漂亮最重要的三个方面。例如，低年级学习左右结构的字，根据课标中第一学段——掌握汉字的基本笔画和常用的偏旁部首，能按笔顺规则用硬笔写字，注意间架结构，养成正确的写字姿势和良好的写字习惯，书写规范、端正、整洁的基本要求，确定"姿势规范星""正确整洁星""左窄右宽星（结构要求）"三颗星；再进行教师评价、生生互评和家长评价，及时鼓励在某一方面有进步的学生，让评价更有针对性和实效性。

（6）习得方法。鼓励学生自己总结方法，教师指导归纳、总结提升。最后，让学生再拓展，寻找类似的汉字，可以采用"小组合作""小老师互相教一教"的方法，引导学生继续观察交流，再进行练写、评价，巩固学习效果。

3. 激发学生写字热情

（1）欣赏佳作，感受汉字的美。"文科教育的过程是精神享受的过程，是提高生命质量的过程。""汉字是音、形、意的结合体。它们由各种纷繁复杂的笔画构建而成，每个汉字就像一座精美的建筑，有其独特的间架美。每个笔画起承转合之间的和谐都是一种魅力。汉字形体的发展从甲骨文到现在，是一个复杂到简易的过程，这中间出现了很多优秀书法作品，可以说一幅作品就是汉字的一种审美体现。"我们经常性地引领学生欣赏优秀书法作品，可以是古今中外书法家的作品，可以是老师的评语，可以是班内优秀学生或是高年级学生的作业……在欣赏中让学生品味美、感受美，进而激发他们创造美的热情。

（2）讲小故事，感受悠久的文化。"小学阶段是进行书法艺术启蒙教育的关键期。"让学生感受文化，最直接也是小学生最感兴趣的方法就是讲故事。老师用生动的语言，或是借助多媒体手段讲述古今书法家练字的趣闻轶事，如王羲之爱鹅、张旭观剑、米芾拜石的小故事，让学生增加对写字的兴趣。

（3）坚持书空，强化运笔印象。"书空是记忆字形的一种练习，它要求学生用手指在空中、书桌或手心虚划字形，同时说出笔画名称。"它是小学写字教学的重要辅助手段，是涉及观察、思维、动手、记忆以及审美能力训练和培养的教学方式，非常适合小学低年级。有效的书空练习可以帮助学生加深字形记忆、规范书写笔顺、强化运笔印象，对学生的识字、写字能收到事半功倍的效果。例如在教学生字"五"时，先抬起右手，边比画边念"横一，竖二，横折三，横四"，学生跟着书空，不但加深了学生对字形的记忆，还培养了其观察、思维等能力。

（四）拓宽教育途径

1. 常态的活动相伴

我每周都会用一天的早读时间，领着学生猜字谜、编儿歌、赏字帖、讲书法家的小故事；每天中午12：55，学校都会响起悠扬的乐声，这是固定的"悠扬午练字"时间，学生有专门的练字本，结合当天学的生字，在教师的指导下沉心静气练字10分钟；每个班都有"书法角"，有好的作品就贴在墙上，让学生彼此欣赏。就这样，通过长期坚持，学生始终处在良好的书写教育情境之中，逐步形成良好习惯。

2. 多元的评价相伴

写字不应该仅仅是特长学生的舞台，每一个学生都应该在书写中分享快乐。可以建立《翰墨童趣书写档案》，每学年组织一次全校的书写测评，纳入书写档案，定期展示。教师既能关注到每个学生的发展，又可以看到班级间的差距，学生则可以看到自己的进步和存在问题，全员参与的过程性评价为书写教育注入了动力。每学期，学校还会开展学生现场书写比赛，各班也都有自己的比赛和评比机制，班级内设有"书法展示台"，使每个学生都有展示的机会、经历评价的过程，在老师、家长、同学的肯定声中坚定习字的信心，从而达到激发每一个学生写字兴趣的目的。

3. 做好学生的表率

作为老师要多向书法家学习，也向身边的教师学习。教师在为学生做好表率的同时，也可以在繁忙的工作之余来练练字，凝聚精神，感受书法带来的独特心灵体验。

明代项穆在《书法雅言》中有这样一句话："学书者，不可视之为易，不可视之为难；易则忽而怠心生，难则畏而止心起矣。"

学生写字问题是很好的例子。学校、教师和家长面对孩子学习上存在的诸多问题，不应因其渗透在成长中而视其"易"，任其自然发展；也不能在面对诸多实际的困难时视其为"难"，认为反正我也改变不了，就轻易放弃。

最好的姿态是——"我能再做些什么呢？"

最好的方法是——"有没有更好的方法？"

最好的心态是——"有进步了，不能放松，我要继续努力！"

只要今天比昨天好，明天一定会比今天好。要怀着"改善"的心，慢慢地去做，坚持去做；做我们能做的、该做的。

建议十二

让孩子学会表达自我

会表达自我的人更受欢迎。

会表达自我的人，其实就是我们身边那些特别"会说话的人"。为什么他们说的话大家都爱听？首先，他要能够清晰地表达自己的想法，语气连贯，速度适中；同时，语意明确，言之有物，让人有同感和收获；当然，还需要态度诚恳有礼等等。

语文学习的基本理念之一是"能使用语文，充分表情达意"。在语文学习中往往重"读写"、轻"听说"，恰是忽略了语文学习特别关键的部分。

北京大学校长蔡元培先生，革新北大，开"学术"与"自由"之风，为我国教育、文化、科学事业做出了开创性的贡献，是一个富有传奇色彩的人物。他在培育道德修养方面的代表作《中国人的修养》中传递给我们这样的认识：决定孩子一生的不是学习成绩，而是健全的人格修养。

人格修养的内涵很丰富。其中，关键的两点是"帮助孩子正确认识自我"和"培养孩子良好的沟通技巧"。

之所以在这部分要提到"帮助孩子正确认识自我"，是因为很多孩子"不能正确认识自我"而表现出自卑，不会欣赏自己和别人，不会与人沟通，性格渐渐变得孤僻。

鼓励孩子与人交往，能够在与人交往中获得快乐与自信，进而产生良好的自我认知。懂得如何表达自我的孩子，能够拥有好的人缘，善于谈吐，能够引起别人的注意和兴趣，充分彰显人格的魅力。不断得到听众的正向反馈，孩子也会逐渐自信起来，自信了，整个人都会不一样。

可能有人觉得，"表达自我""与人沟通"不就是说话吗，说话还用教？在生活中，正常人在正常情境中天天都会说话。特别是在家庭中，有大人的示范，孩子往往习惯成自然。成人的示范固然重要，但要"会说话"，语文的训练是必须的。

一、二年级部编本语文教材有多个口语交际的板块。

"我说你做"板块。我们一起做游戏，一个人发指令，其他人做动作。这里的训练点是大声说，让别人听得见，注意听别人说话。

"用多大的声音"板块。什么时候要大声说话？什么时候要小声说话？

"小兔运南瓜"板块。小兔可以用哪些方法把南瓜送回家？你喜欢哪种方法？为什么？大胆说出自己的想法。

"有趣的动物"板块。鹦鹉会学人说话，萤火虫能发出亮光，松鼠的尾巴好像降落伞……动物真有趣！和同学交流：你喜欢哪种动物？它有趣在哪儿？先想想要讲的内容，再讲给同学听。听的同学可以提问或补充。吐字要清楚，有不明白的地方要有礼貌地提问。

"做手工"板块。你喜欢做手工吗？把你做的一件手工作品带到学校，告诉同学你做的是什么、是怎么做的。按照顺序说。注意听，记住主要信息。

"商量"板块。在生活中，有时候我们需要跟别人商量事情。比如，你想和小丽调换一下值日时间，该怎样跟她商量呢？要用商量的语气，把自己的想法说清楚。

"看图讲故事"板块。先了解每幅图的内容，再把这些图画的内容连起来，讲一讲这个故事。想一想，这个故事接下来会怎么样？按顺序讲清楚图意，认真听，知道别人讲的是哪幅图的内容。

……

从选取的这些教材内容不难看出，说话也是有学问的，需要循序渐进的学习和训练。

前面的章节中我提到过，要让孩子大声朗读是一件很困难的事。让学生学会表达自我也不容易。

训练表达的方法很多，专业的书籍中有很多好的建议，从百度上查查也会有不少收获，在此不做赘述。我想大家思考一下，一个人在一群人中说话，能够受到大家真诚的欢迎和喜爱，其实那种感觉是很微妙的。

"侦探小说女王"阿加莎·克里斯蒂是侦探文学史上最伟大的作家之一。这些侦探小说中，很多洞察人性的描写给我留下了深刻的印象。

她的作品《顺水推舟》在开篇描写了这样一个场面：

每个俱乐部里都会有个招人烦的家伙。加冕俱乐部也不例外；就算外面的空袭进行得如火如荼，这里的正常运转也没有受到丝毫影响。

前印度军军官波特少校一边把报纸翻得沙沙作响，一边清了清嗓子。大家纷纷避开他的目光，但没什么用处。

"我看见他们在《泰晤士报》上宣布了戈登·克洛德的死讯，"他说，"当然啦，措辞还挺小心谨慎的……"……

波特少校停顿了一下。没有人表现出一丁点儿兴趣或者要求他继续往下讲。大家都刻意地把手里的报纸举起来挡住脸，不过这样还是不足以打消波特少校的兴致。他总是有很长很长的故事可讲，主角绝大多数是些无名小卒。

……

他顿了一下，期待着有人会刨根问底——或者发表些议论。尽管没能得偿所愿，他却依然自顾自地往下说道："……"

……

波特少校有些渴望地环顾一下四周，盼着能够有人对这一论断给予确认。他碰上了两束既无聊又呆滞的目光，其中一个是年轻的梅隆先生带着几分闪躲的凝视，另一个则是赫尔克里·波洛先生那出于理解的关注。

寥寥几笔，作者就塑造出了波特少校这个不讨人喜欢的表达者形象。他的表达能力没有问题，问题出在他不"会"表达。好的表达不仅要从自己表达的需要出发，还应该关照听众的需求和感受。

生活中常会有这样的情况：一个孩子向老师或妈妈认真地讲述自己的感受，但大人因为手头上有重要的事，没有办法耐心倾听，只能敷衍一下。在批评成年人没有耐心的同时，我们是不是也要教会孩子："当别人有重要事情不能听你说话的时候，请等一等。利用等待的时间，把要说的事情再梳理一下，让说出来的话更加清楚明白。当然，如果要说的事情不太重要，可以记在心里，晚一些再说。"

有些人说话非常简练。他认为自己明白，别人应该也明白。实际上，每个人的阅历不同，有些时候别人真的听不懂。当你表达完自己的想法后，别人不断地提出问题，那你就应该反思一下了，是不是自己表达得不够清楚。表达自己的想法还是应该建立在清楚明白的基础上。

现在的孩子，特别是小学高年级以上的孩子，有不止一个的表达"语系"。在我小时候，班里的同学能够熟练地在普通话和青岛话之间切换，上课说普通话，课间聊天说青岛话；甚至在几十年后的聚会中，他们依然可以在两种之间切换自如。

现在的孩子对方言接触得很少，随着网络的普及，很多网络语言被孩子们接受。和孩子们聊天，他们经常会蹦出一些大人听不懂的网络用语。

一次，一个孩子在赞叹杂交水稻做出的巨大贡献时，使用了一个词——

不明觉厉。这是一个网络用语，是"虽不明白，但觉得厉害"的缩句，表示"虽然不明白你在说什么，但觉得很厉害的样子"；表面词义用于表达菜鸟对技术型高手的崇拜，引申词义用于吐槽对方的表述过于深奥，不知所云或作为伪装自己深藏不露的托词。据说，该缩句出自周星驰的电影《食神》中的角色对白。

当孩子说出这个词时，我也颇有"不明觉厉"之感，好像知道大体的意思，觉得用在这里还比较恰当；但是，因为不能准确把握这个词的意思，我还是建议学生：如果要在作文中使用这个词，要注意使用的语境。我建议把这个词加上引号，在后面做出适当的解释说明，以免因存在不同的引申义而引发歧义。

1986年，中国第一封电子邮件从北京发出，中国互联网正式诞生。进入21世纪以后，互联网开始普及，网民为了提高网上聊天的效率或追求诙谐、简洁等表达效果而采用新的语言表达形式。这种语言表达形式以互联网平台为媒介快速地传播和发展，甚至开始走进人们的日常语言生活。网络用语不仅仅是网络交际的工具，更是网络文化的载体，反映着网络时代的人生观和价值观。网络用语是时代的产物，不仅对汉语研究具有重要的意义，对文化的发展与传承同样有着重要的意义。据统计，《现代汉语词典》（第7版）共收录了213个网络词语，其中汉语网络词语194个。

我并不反对这些新词汇，而是提醒大家需要从表达自我、与人沟通的角度来看待这些词汇。小学生学习的语言是规范的现代汉语，生活中可以有个性化的表达，但能够清晰表达自己的情意，与对方无障碍沟通，才是前提。

总之，让孩子学会表达自我，要在潜移默化中让孩子品悟出与人交流的门道，善于观察和判断不同的语言情境，善于感受对方具有怎样的语言体系，善于让人感受到善意和诚意……有些特殊情况下，也能够明确、得体地说"不"，结束一段不需要继续的谈话。

建议十三

不着痕迹的语文学习

美国人赛斯·高汀在所写的《盗梦工厂》一书中说，想让一个人不喜欢棒球，方法很简单："先教棒球史，从阿布纳·道布尔迪发明棒球、板球的影响和帝国主义讲起。然后考试。再从黑人联盟和早期的巡回赛球队讲起，要求学生记忆关于每个球员的数据和事实。然后考试。按这两次的成绩排名，让成绩好的学生记忆更多关于棒球球员的统计数据，把日本和多米尼加共和国的球员也包括进来。把成绩差的学生交给一个水平不高的老师去教，但学习内容类似，只是给予更宽松的时限。然后考试。"

这么操作完之后，学生基本上一听"棒球"就会抵触。

北京十一学校校长李希贵说：

"幸亏我国在设计课程方案的时候，没有把《学生如何骑自行车》这样的章节放在课程体系里。假设小学一到四年级必须学习如何骑自行车，学生首先要把自行车的268个零件全部记住，其次把每一个零件之间怎么衔接画出来，最后就上路了。

但这不是简单的上路，而是要用上有关上路的知识：当你直行的时候，眼睛一定要看到前方68米的距离；当右拐弯的时候，右手用力73公斤、左手用力18公斤，左腿幅度是63度、右腿幅度是72度……这样学上一年，学生保证一听骑自行车就想吐。"

听上去有点搞笑，但某种程度上我们天天都在做这种事。我们的学生学了十几年语文，毕业后就再也不想读书写作了。在国际奥林匹克竞赛中获了金奖的高中学生，得了数学奖的进了大学坚决不想读数学系，得物理奖的坚决不读物理系，因为天天"刷"题让他们不再热爱这个学科。

儿子在十岁的时候，有一阵子爱上了热门的密室游戏，受游戏的启发，在家里也设计起寻宝游戏，一张纸牌、一句话的纸条、一个塑料玩具等等小玩意都成了要找的"宝贝"。儿子设计出一条一条相关联的线索，根据线索找到"宝藏"的，就会有小小的奖励。他花费了不少心思，急着验证一下，便催着家里的大人和妹妹都加入游戏。

我成了第一个被动员参加的人。他说了半天规则，但我实在没听懂，就说："我都听不懂，更不用说其他人了。你还是好好想想规则，把它写下来。一条一条地列出来多清楚！"儿子犹豫了一下，还是采纳了我的建议。他开始趴在书桌上奋笔疾书，写完还反复修改了几轮，然后拿过来征求我的意见。

他的游戏规则是这样的：

（1）每次参加费用为5角。（成功完成游戏的能够得到5角～2元的奖励，回报还是很丰厚的）

（2）要独立完成，每一个提示都要自己思考。（洋洋不认识字，可以妈妈读给她听）主动找外部援助，或是接受外部援助都算无效。

（3）每个线索都是相关联的。第一个线索后面是第二个线索，不能跳到第三个线索。注意拿到线索后的标注序号。如果没有拿到下一个序号的线索，要重新寻找。

我问："谁是裁判呢？"

他便加了一条："游戏设计者作为裁判，裁判拥有游戏的最终解释权。"

我接着问："如果参加游戏的人对裁判的判罚不满呢？就像奥运会，会有申诉委员会呢！"

儿子考虑了一下，又加了一句："如果对裁判的判罚不满，可以向妈妈申诉。"

"奖金怎么领取呢？妹妹没有钱拿不出5角钱怎么办？"

"游戏结束，拿到最终的宝藏即可根据宝藏上的提示获得奖金。奖金由妈妈发放，妹妹没有经济能力，可以获得免费玩的资格。"

在设计这条之前他征求我的同意，如果游戏设计得好，大家感兴趣，玩得开心的话，请赞助他10元钱作为奖金。我欣然同意，他欣喜不已。

……

就这样，游戏规则出炉。晚饭后，儿子高兴地把全家人聚在沙发旁边，开始朗读游戏规则。他声音洪亮，神采奕奕。全家人也很配合，游戏成为那天晚上饭后的愉快体验。

联合国教科文组织曾推荐一本书《反思教育》。这本书对"知识"这个词进行了定义。什么叫"知识"？事实上，我们今天很多课堂是在教信息而不是教知识，因为没有内化为学生自己的东西就不能算是知识。什么叫新知识？这本书认为，新知识"是通过学习获得的信息、理解、技能、价值观和态度"。学习可以理解为获得这种知识的过程。学习既是过程，也是这个过程的结果；既是手段，也是目的。

最近网上有一段很热门的辩论，一个叫詹青云的小姑娘是反方，主要观点是"知识只是工具，获得知识的过程才能形成能力"。她举了一个很有趣的例子。在我们长大后才明白，《西游记》中的西天取经原来是佛祖安排的一场大戏，所以有九九八十一难，所以每一难都恰到好处、逢凶化吉。佛祖不可以把经书砸到唐僧的头上吗？他可以，经书完全是可以运输的，可以共享的，但取经的路是不可以的。而使唐僧之所以成为唐僧的不是取得经书，而是取经的路。

能力从哪里来？在学习语文的过程中，孩子可以判断选取什么信息是重要的。未来工作靠的也是这个，是判断力，而不仅仅是背诵的能力。我们生活在一个知识爆炸的时代，生产知识的速度甚至超过储存它的速度。未来考验学生的是从知识中挑选、判断、辨别、排序的能力，是熟能生巧的直觉。

归结到一个词：学以致用。

部编本语文教材非常注重这一点。印象非常深的是六年级上册有一课是《故宫博物院》，其中设计了两个任务：

（1）为家人计划故宫一日游，画一张故宫参观线路图。

（2）选择一两个景点，游故宫的时候为家人做讲解。

材料三、材料四里还贴心地附上了来自故宫博物院官方网站2016年12月发布的"游览线路提醒"和"故宫博物院平面示意图"。

我能真切感受到编者的意图。非连续性文本的阅读，关键就是为了让学生能够在生活中使用。情境越真实，学习就越能真实发生。

情境真实到一定程度就是生活。

常态课堂上的语文教学，自然的真实情境并不容易创设顺势而为自然好，有意地去创设情境也很好。好在情境不管是真实存在的，还是刻意创设的，只要老师和家长当真了、用心了，孩子们便应该也会配合。

有一位袁老师，在班里安置了一个"小鸡保温箱"，孩子们试着孵化一个鸡蛋，记录观察的情况。以五人小组为单位，每人观察记录一天。

不知不觉，孩子们把观察记录写成了"循环日记"。记录本到自己的手里，孩子们会先看看前面的同学怎么写的，顺便在每一篇后面的"跟帖栏"里说几句。厚厚的一本观察循环日记，承载了孩子们一天天期盼破壳的美好情感与珍爱小生命的真切体验。教师还设计了"爸爸妈妈评价我""老师评价我"的板块，爸爸妈妈通过这种方式，一方面了解了孩子的书面表达能力，另一方面也分享了孩子们的惊喜和快乐。

我在想：如果经历等待之后，小鸡还是没有破壳怎么办？

生命原本无常，每一个生命的诞生都是多么的神奇与不易。生活中总会有不如人意的地方，这种认识也是一种收获。是哪里有问题，是温度还是通风？……孩子们科学的思考也是很有价值的。

在用中学，这样的教学努力不着痕迹。

写作是运用语言的一种方式。让学生主动地运用学习到的方法写作，就是特别好的语文学习过程。

以往作文课多是"先教后写""先读后写"；语文教材的单元安排也是先有几篇讲读课文，再是习作。为什么不能是先写后教、边写边教、边教边写，不教自写？

因为老师们认为，学生要写出一篇好的作文需要老师的一步步指导。老师们会讲怎么写，孩子们只需要按照老师的提示来做就可以。

这样可能造成的后果是，学生认为这篇作文自己不能写，因为老师还没讲要求；老师不讲，自己肯定写不好；等一等，等老师讲完所有事项再写。可想而知，学生对写作有激情和创造力是多么困难。

江苏特级教师高子阳老师开展了大单元"先写后教"的实验。

单元的第一节课，学生先写作。写好之后自己修改、认真誊写，不必交给老师，放在学生自己手中。教师在巡视学生习作的过程中，发现存在的普遍问题。

然后，教师会把学生存在的问题、需要的写作技巧都融入后面几篇课文的教学中，不再单独拿出时间来讲作文。学完课文后，教师再给学生时间全面修改自己的作品，形成更加令人满意之作。

我也让工作室的老师尝试这种教法。非常有意思的是，孩子们比想象的容易接受。这篇习作不仅仅是作文课的任务，而且成了孩子一段时间的牵挂。第一课时的写作，孩子们没有任何束缚，完全基于已有的习作经验和生活体验。而后面阅读课上的多次关照，则让孩子们反复去回味自己的这篇文章，试着改改，再改改。

虽然是教师在设计、在牵引，但不知不觉间却成为孩子们的一种自觉的行动。

古人云："拳无拳，意无意，无意之中是真意。"不着痕迹的语文学习，需要我们多一些对学习的深刻认识，多一些对孩子的换位思考，多一些激发自身教学智慧的意识。

让孩子没有觉得"被套路"，学得开心，学得心甘情愿。

建议十四

能够正确地对待分数

　　哪一个学科的成绩最不可控？哪一门最容易出现成绩的大起大落？哪一门成绩出来最可能让人莫名其妙？

　　估计很多人会说——语文。

　　很多家长问过我，为什么孩子平时语文成绩不错，期末检测中却发挥失常。说实话，这些学生中有很多学习态度认真、语文能力不错，也不是考试特别紧张的类型。为什么没考好，我也很难找到明确的原因。面对这样的学生家长，我会帮助分析孩子平时语文学习的状态，客观做出评价。如果平时没有什么问题，那么我会建议家长摆正心态，不要将不必要的焦虑传递给孩子，避免增加人为的紧张因素。另外，我会从广泛阅读、多练笔、书写工整等方面提出一些具体要求。语文是"慢功夫"，要帮助孩子持续养成良好的语文学习习惯。

　　后来，我还特别留心观察这种现象。确实有一些孩子平时成绩优异，但到比较重要的检测就会有较大的失误。老师们习惯把这两种现象归结为"心态不好"和"太紧张了"。

　　那么问题来了，是什么让孩子"紧张"了？有办法缓解这种"紧张"吗？

每个孩子的实际情况不同，影响成绩的因素众多，确实不能一概而论。在此描述一些现象，希望对老师和家长们能够有所启发。

首先，关于"心态"。

乘坐公共汽车给老人让座的人，有两种不同的心态：一种是本能地让座，觉得应该把位置让给更需要的人；另外一种是认为自己做了好事，大家就会夸我是好人。心态不同，结果也会不同。持第一种心态的人，老人坐下了但没有说"谢谢"，他不会在意；老人到站下车了，没把座位还给他，他也不怨恨。但是持第二种心态的人，老人坐下没说"谢谢"，旁边的人没有赞许，他就会不高兴。

要回报的人，自己付出努力却没有获得回报，他就不做了，也就终止了这方面的努力。而另外一种人，做事是源于心中的善念，坦然面对一切，无所谓回报。

如果家长、教师只盯着分数，那么孩子也会如此。就像让座的第二类人。努力了，没有考到好的分数，那么就会不高兴甚至怨恨；多次没有回报，很有可能会失去努力的动力。

在《读者》上读到一个故事：一位法师救了掉在水里的一只蝎子，蝎子蜇了他一下。大家嘲笑法师愚蠢，明知道蝎子蜇人还要去救。法师的回答特别好，他说："蝎子蜇我，那是它的本性，但我不能因为它的本性而改变我的心性，我的本性就是救它。"

不为了回报而做事情，做事就会持久，心态也会平和起来。

"不求回报""不以物喜，不以己悲"，这是一种超高的人生境界，我们很难做到，更不用说年龄还小的孩子。但是，我们可以告诉孩子——"尽力而无悔"。

上初中时，我爱上了这句话，并把它写在一张纸片上，贴到了铅笔盒里，每天看看它，不停地提醒自己。

我教教每一届学生时，都会把这句话送给他们，与他们共勉。

"尽力而无悔"，首先是"尽力"。平时的学习习惯、学习方法、学习态度，都"尽力"了吗？需要不断反问自己、提醒自己。

当你认为尽到了自己的力，那么，无论结果如何都"无悔"。

就像很多人倾诉后悔当年没有投资房产，不然现在就会如何如何。我便会说："当年的情况下你已经尽到了力，即使让你退回二十年，你只会做同样的选择。所以，尽力而无悔！"

我劝家长们，在结束家长会回到家里时，一定要充分考虑好再和孩子对话。

孩子的成绩有进步和退步，我们的态度是不是应该完全不同，成绩好大肆表扬，成绩差劈头盖脸批评一顿？

其实，我们都应该平心静气，和孩子讨论的不是语文考试分数，而是语文学习本身。

语文学习应该多积累，你的基础知识就是积累的结果，你的作文流畅地表达也多数归功于积累。你的阅读理解，很多也是因为有了积累才会对一些问题有深刻的认识……以后的语文学习应该继续坚持积累。

反之，基础知识出错是积累不够的结果，复习不及时，没有反复复习，积累不够扎实；你的作文表达不够流畅，是练笔积累少了，观察积累少了，没有形成语言的感觉；你的阅读理解问题，很多也是因为读书积累少了，课堂上听到的一些认识，课文中学到的观点等等没有内化成自己的东西，才会缺少对一些问题深刻的认识……以后的语文学习应该继续坚持积累。

虽然成绩不高，但前面错过的没有再错，这就是进步。虽然成绩优异，但曾经错过的又错了，学习上还存在问题。

……

通过类似的分析，将孩子的关注点从语文考试分数转移到语文学习本身。避免孩子因为某一次努力没有获得语文考试分数上的回报，滋生不满和怨恨，造成心态的失衡。

语文老师们对孩子的引导亦是如此。

不提倡排名，很重要的原因是不能用考试分数掩盖一个个真实的学生和正在发生的各具风格的语文学习。

批评和表扬具有力量，但学生内驱力的激发是很微妙的事情。

一位教师讲述他外甥女的故事，非常值得我们思考。

这位教师的外甥女，家里条件很不错，父母跟她的关系也很好，孩子懂事、听话。但就有一个问题：孩子始终对学习提不起劲，一提学习就烦躁。

为此，家里人什么招儿都用了。比如，如果考得好的话，就奖励多少钱；再如，如果还是这样，就把她送回老家。可是，他这外甥女就是丝毫不为之所动，用一句幽默的话形容就是——"富贵不能淫，贫贱不能移，威武不能屈"。

不过，通过一些外部的干预，他外甥女最终还是彻底转变了，竟然一路读到博士。

方法出其不意。

通过分析外甥女的底层需求，这位教师发现，十几岁的她，迷恋帅气的男明星，对异性有些想法。这其实很正常，这是人类的底层需求，没想法才不正常。

然后，趁着假期，家人带她去东北的大学。通过刻意的安排，让她接触到一个个的东北长腿帅哥。这下外甥女大开眼界了，原来大学里有这么多帅哥呀！之后，家人又带她去厦门大学，看到校园里的男男女女，在浪漫的校园里、沙滩上散步，外甥女激动得不得了，一直说，一定要考到这里，然后谈一场轰轰烈烈的恋爱……

虽然这是个例，但告诉我们，与其纠结分数的高低，不如帮助孩子建立学习的内在目标。教育的最高境界是唤醒孩子的内在驱动力。孩子毕竟是孩子，他们毕竟还不懂事。内驱力是一种"推"的力量，而奖励和惩罚这种外驱力，是一种"拉"的力量，一个行进的车轮需要有驱力，它才可以快速地前进。

有了动力，在没有人逼迫的情况下，自己打心眼里想做。对孩子而言，学习不是为了讨好父母，也不是为了逃避惩罚，就是发自内心地想去学。

从这样的角度看待分数，才能做到"胜不骄，败不馁"；渐渐地，良好的心态便会形成。这时你会发现，学习成为一种良性循环，不知不觉变成别人眼中的"发挥型"。

一切不以功利为先，功利自在其中；要做到不"唯"考试，而去赢得考试。

建议十五

找到持久的力量之源

上一章节提到内驱力的问题。学生语文学习的内驱力，是一个很值得探讨的核心话题。前面的章节陆续提到了一些，在这里我想继续谈一谈。

很多人感兴趣顶级高手的日常生活。是啊，一项技能的顶级高手，过的是什么样的日常生活？顶级运动员的生活，肯定是日复一日的刻苦训练。那么，一流的时装模特呢？在人们的印象里，无非就是少吃点饭，保持体型，寒冬腊月在室外也要穿着很少的衣服受冻之类。

看过一个微信公众号，一位健身教练描述了一流服装模特的日常生活：好的服装模特每天要进行差不多4个小时的力量训练。她们嗒嗒嗒地走到台前，啪的一下站住、站稳，这需要很大的力量来支撑。每一个姿态都能做到位，这也需要很强的力量。

所以，有一个说法，顶级高手的状态其实就是"蓝领工人"的状态，就是不管你喜欢不喜欢，都得照常来上班，上班的内容通常也是非常枯燥的重复训练。正如一位艺术家说的，我们专业艺术家不讲什么灵感，灵感是留给业余爱好者的。

从事文学翻译60余年，将中国古诗译成多国语言，被誉为"诗译英法唯一人"的许渊冲先生，最喜欢的事是翻译。他喜欢的，不是许多人理解的偷懒、混日子、投机取巧，而是实实在在的、艰苦的创作。

他认为，翻译家的责任是翻译，但翻译本身很辛苦，只有意识到自己的责任，这种辛苦才能转化为喜欢。

责任感是真正的喜欢之源，没有责任感，则事事逃避、天天偷懒。人生哪件事不苦？学习苦、工作苦、养家糊口苦……有了责任感，才会在人生每一个阶段接受那些苦，驾驭那些苦。责任感不是负担，而应成为持久的动力之源。

孩子的语文学习需要什么样的责任感？在这里，我想重点谈一谈写作。

首先，要让孩子认识到，写作在自己生涯发展中的重要意义。且不说将来要从事任何工作，会写文章都是基础，特别需要让孩子意识到的写作的价值是通过写作，可以记录下一天、一月甚至一生，可以让一时的感受成为永恒。

大家有没有想过，时间表面上是客观的，一天24小时；但它也是主观的，分为被记住的时间和不被记住的时间。一天可能是0小时，不存在，因为已经被遗忘；一天也可能是无限长，成为永恒。我们通过写作记录人生的轨迹，我们的生活也会变得更加丰富、更加有意义。

"一期一会"，是由日本茶道发展而来的词语。在茶道里，表演茶道的人会在心里怀着"难得一面，世当珍惜"的心情来诚心礼遇面前每一位来品茶的客人。人的一生中可能只能够和对方见面一次，因而要以最好的方式对待对方。

写作，是珍惜此刻的感受，用最好的方式对待自己，也是对自己、对人生的一种责任感的体现。

如何让孩子产生语文学习的责任感？

将这些道理直接讲给孩子听，多数是不会理解的，最好的办法还是言传身教、潜移默化。

樊登的父亲是大学的数学教授。按樊登的说法，他父亲最喜欢干的事就是做数学题。人们问他："为什么你从来都不去放松？"他父亲说："做数学题就是放松啊！"

我在伏案写作，女儿过来说："妈妈，你怎么还在忙工作？太累了吧，多无聊！快陪我玩玩儿。"

我问女儿："我不无聊，我是在做一件很有趣的事。"

"写东西是什么有趣的事？"

"我把想说的话写出来，把工作很好地完成，我觉得很有意思。就像你把漂亮的珠子串成项链、哥哥拼起乐高积木、姥姥做好一顿晚饭，都是很有意思的事情。"

女儿若有所思，点点头说："哦，那你写吧，我找哥哥玩儿。"

在她小小心灵里埋下了这样的种子："妈妈没有把工作当作负担，而是很愉快、很有意思的事。"长期如此的影响下，希望将来当她真正遇到应该做却比较难做的事的时候，会有一些平和的心态和努力的动力与勇气。

我常说："干工作时，我没有多想未来，就是想把手头的事儿做好。"这是一种从小就形成的意识，也是习惯。

背诵课文，你就有责任把它背过、背熟练；上课听讲，你就有责任听明白，不懂的就要问……小时候对自己的语文学习负责，长大才会更好地对自己的人生负责。

有一种做法叫"打一巴掌再给一个甜枣"，意思是说如果你不听话，那么就惩罚；但也不能一味地惩罚，发现优点就及时奖励。奖励和惩罚其实也是一种驱动力，不过它们属于外部驱动力，相比较内驱力来说，外驱力存在一些问题。

特别是外驱力不具有延续性。奖励和惩罚最大的问题就在于，有它的时候，孩子可能会行动；可是一旦没有，孩子会立刻停止行动，无法实现责任的转移。我们知道，学习是孩子的事情，也是孩子的责任。可奖励和惩罚很容易把这种责任转嫁到父母身上，孩子会觉得学习是为了老师和父母学，那么可想而知，他的投入度肯定不会高。如果把奖励和惩罚当成筹码，那么这个筹码很快就变无效了，你需要不断加大筹码，才能继续推动孩子的学习。那问题就来了，你总有满足不了孩子的时候，而到那时你又该怎么办？

唤醒孩子学习的内在驱动力，关键还是在于唤醒孩子的责任感。有一种好的方法是给予孩子充分的学习自主权。

我记得小学毕业，我以微弱的差距没有考上理想的初中。那一年，父母没有一句抱怨的话，但我自己却异常难过。于是，在一所普通的初中，我开始了努力之路。当我决定刻苦学习时，根本不需要父母的催促，一到了学习的时间，我就自觉自动地走进了书房；而一到了我认为可以休息的时候，我也会主动放下手中的笔，按照自己的方式休息。父母见我很努力，也就不过问我了。小时候家里房子小，为了让我能有安静的学习环境，吃过晚饭父母经常出去遛弯，放手让我自己学习。

实际上，当孩子可以决定什么时候学、学什么的时候，他的自主权其实也就释放出来了。特别是对青春期前后的孩子，他们对"自己做主"这件事毫无抵抗力，只要能自己说了算，他们内心就会特别爽。

给孩子学习的自主权，是唤醒他内驱力最基本的条件。作为父母，我们习惯性地对孩子采取控制。我们最擅长的就是过度干预，我们总觉得孩子不懂事，需要父母的辅助和监督。其实，这些做法无形当中剥夺了孩子的自主权。

陪写作业。要知道作业的目的，是为了检验和巩固当天的知识，是需要孩子独立完成的。可家长们常常迫于老师的压力以及自身的焦虑，对孩子的写作业问题强加干涉，结果就造成了作业责任的转嫁，孩子会觉得父母催我就做、父母不催我就一直拖着。

强制孩子使用自己的学习方法。有的家长和教师作为"过来人"，喜欢将自己当年实用的学习方法善意地推荐给孩子，比方说事无巨细的课堂笔记。我并不是否认笔记的作用，只是家长拿出当年美观、翔实的笔记，让孩子"照葫芦画瓢"，并不一定能起到预想的效果。有的孩子逻辑思维强，喜欢归纳概括，可能只需要在书上做简单的标记就能起到很好的学习效果。提出建议而让孩子选择适合自己的学习方法，通过观察给予必要的指导而不是粗暴的干涉，会起到更好的效果。

代选兴趣班。在选择兴趣班的时候，家长常常按照自己的意愿为孩子安排课程。要知道，兴趣班之所以叫作兴趣班，是因为它基于兴趣。孩子没有兴趣的事情，你非要强加给他们，就是剥夺了孩子选择的自主权。

生活上的包办代替。孩子上小学后，自己可以做的事太多了，可我们总是觉得孩子没长大，还不够成熟，因此，把孩子生活中的各种事情大包大揽。渐渐地，孩子觉得这些事情都是父母的，自己没有必要去参与。因为我们习惯于干涉、习惯于控制，所以，养成了孩子依赖别人的个性，他们的自主意识会变得极差，他们更倾向于看父母的眼光，更喜欢把责任转移到父母身上。

……

什么叫作自主权，就是在没有人逼迫的情况下，自己打心眼里想做。对孩子而言，学习不是为了讨好父母，也不是为了逃避惩罚，就是发自内心地想去学。这是一种责任感的体现，也是持久的力量之源。

建议十六

让语文学习自然发生

你还记得孩子是怎么认字的吗？

我没尝试过在家里各处贴满字帖，好像对儿子和女儿认字的过程都没有刻意做什么。

特别是儿子。在他刚入小学一年级的时候，我参与了学校的课题研究，开发幼小衔接"读图"课程。当时需要一组关于一年级新生识字量差异的数据，于是我们课题组将2500个常用字打在一张大纸上，家长拿回家给孩子一个一个地认，最后会读多少汇总一个数据，再拿回来给老师。这样操作虽然不是很准确，但数据也基本真实可靠。

最后的结果，有差异我们想到了，但没想到差异如此之大。

同是6岁多的孩子，最多的认识2500个常用字，最少的只认识8个，平均识字量居然达到了近800字。当时，儿子认识大约2000字，我很是满意和欣慰。

这个研究虽然只进行了2年，但我一直念念不忘。当时学生的测试纸一直被我珍藏在档案盒中，跟着我从一所学校来到另一所学校。

直到最近，这批孩子小学毕业了。我大体了解了其中几个孩子的语文学习成绩，欣然拿出来与当时的测试对照，倒是基本吻合。就是当时识字多的孩子，确实6年后的语文成绩不错。

我举这个例子，并不是说一定要让孩子在学前认识多少字；恰恰相反，我想说的是，识字的个数看起来挺重要，但如何识字的过程其实更重要。

我曾问过认识2500个字的那个孩子妈妈，是否有什么强化训练。答案是否定的，除了给孩子多读书、孩子问就告诉孩子，好像也并没有刻意做什么。其实，我儿子认字的过程大抵也是这样。

儿子是怎么认识这么多字的呢？回想起来有这样几种途径。

第一，很小的时候给他读书，他只是听。突然有一天，他指着书的题目中一个大大的字问我："这个是……字吗？"我说："不是啊，这个才是。"于是，从那之后，每次读题目，我都会一个字一个字地指着读，告诉他是什么字。他就会很认真地听，很认真地记，还会用小手指着问我："这个字是……对不对？"

第二，开车外出，他坐在车里，会指着旁边招牌上的字，有不认识的会问我们。

第三，有段时间他对自己名字的三个字特别敏感，每到哪里看到其中一个字就问："这不是我名字里的什么什么字吗？"后来在读书的时候，我会指着一段话让他找一找，有没有你认识的字呢？

……

概括一下，就是当我发现他对这个事儿感兴趣了，就马上"顺杆爬"。

其实，在幼儿的心智中，作为理性能力的一种表现，认字能力是一种自然的潜能。只要我们抓住小小的契机，给予他成长的土壤和环境，孩子便会自然而然地发展起来。

学习也是如此吧，本该是一个顺势而为的过程，强行灌输是要不得的。

太刻意去做，往往很难达成你的心愿，且如果结果和付出不对等，会产生委屈等负面情绪，让你的行为越来越远地背离你的初衷。

哲学家奥修说："当鞋子合适时，脚被忘记了。""你降生，你为你的降生努力了吗？你成长，你为你的成长努力了吗？你呼吸，你为你的呼吸努力了吗？万物自行消长，为什么要去操心？让生命自然流动，你就顺其自然。"

换一个角度来说，对幼年的孩子来说，最珍贵的是什么？周国平说："舍得花时间和孩子游戏、闲谈、共度欢乐时光，让孩子经常享受到活生生的亲情。"你愿意拿出时间来观察孩子的需要，他想要认识这些字了时说'好吧，妈妈来告诉你'，而不是身边的孩子都认识几百个字了说'你怎么还不认识'，或是到处打听给孩子报个什么辅导班？

我研究"生涯中的语文"，绝不是让家长和老师们深谋远虑，在孩子很小的时候就为他将来有一个好职业而奋斗。我反对从幼儿园开始就把孩子投入可怕的竞争，反对"不能让孩子输在起跑线上"。一个孩子的身心不能得到自由健康的发展，只学得一些技能，只会把孩子培养成片面的人、功利的人。孩子很有可能既不优秀也不幸福，丧失人生的最重要的价值，那就太可悲了。

我想做的是，让语文学习更多地自然发生，让孩子在语文学习中有所体验。当孩子终于能够体会到每一个平凡日常的独特滋味的时候，语文课堂所给予的就不仅仅是分数和知识，而是感受幸福的奇迹般的能力。

建议十七

拥有快乐学习的能力

很多学生在学习中得不到快乐，在生活中才能体会到快乐。就像当下很多年轻人，工作本身不快乐，工作对于快乐的贡献是通过工作可以赚到钱，然后在工作之外的业余时间用挣到的钱去消费、去娱乐，用钱买快乐；也就是说，快乐和学习、工作是两回事。

其实，从人性的角度讲，人的精神能力的发展和实现应该是快乐的重要源泉。工作、学习过程中，做自己喜欢的事，在做的过程中感受到自己能力的提高，感觉到自我价值的充分实现，这是多么快乐的一件事。

我认识一位画家，他在艺术馆工作，绘画创作是他最大的快乐。我也接触到很多行业的优秀人才，很多快乐就是从工作中得到的。我想，这应该也是他们如此优秀的重要原因。

一位教师，如果只想着把教材教完，不被投诉，没有纠纷，终日被学生繁杂的琐事所累，体会不到和孩子在一起、帮助一个幼小的生命成长的意义，仅仅为了谋生而工作，是很难快乐的。

就像我正在进行的写作，我没有把它作为谋生手段，而是觉得能够把自己的想法写下来很有意思。在世界上找到一件事情，发自内心地喜欢它，为它乐此不疲，把它作为一种享受，那么人生就会增添很多生动和乐趣。

我曾问过很多学生："你喜欢学什么？"多数的回答是"语文""数学"或某个学科，还有孩子逗我说"睡觉"，更多的孩子则说不出来自己喜欢什么。

我听说过一些年轻人，迫于生计不停地换工作，说找不到自己喜欢的工作，更不用提体验工作的快乐了。我认为，更加麻烦的是，不是找不到让你快乐的工作，而是根本找不到你喜欢做的事。

所以，我们不妨问问自己的学生和孩子，如果他真的不知道自己喜欢什么，我们就该警醒和重视了，因为没有自己真正的兴趣，很难有快乐学习、快乐工作的能力。

在学校有快乐学习的能力，走向社会才会有快乐工作的能力。这是一种能力，是一种延续。做自己喜欢做的事，不管是成为专业还是作为业余爱好，只要坚持做，做到你能做到得最好的程度，在做的过程中，你的心情是快乐的，你的生活是充实的。

这种能力不是"说教"出来的，而是需要家长和教师的细心观察、耐心尊重与呵护。

记得我上初中时，有的同学读金庸、梁晓声，会被认为是读闲书，甚至被没收。现在的孩子似乎不太会这样，没收的更多的是手机。其实，孩子沉浸在武侠小说所营造的刀光剑影中，痴迷在某一题材的书籍中，他体会到的一定是快乐。

我小时候爱听评书，家里的收音机每到一个时间就会打开。单田芳先生的《隋唐演义》，田连元先生的《水浒传》，袁阔成先生的《三国演义》……有时反复听多遍都乐此不疲。

学校里有一个学生喜欢研究贝壳，家长也非常支持，家里买了各种各样的贝壳，俨然成了小型博物馆。后来报社采访时我就推荐了这个孩子，他真还成了远近闻名的"贝壳小博士"。

伴随着孩子的成长，你会发现，有一段时间孩子会对恐龙莫名感兴趣；有一段时间，不管男孩儿女孩儿，突然会喜欢上"奥特曼"；有一段时间孩子特别喜欢涂鸦，只要碰到纸笔就画个不停。小学低年级的时候，很多孩子喜欢绘声绘色地讲奇奇怪怪的故事；中年级的孩子喜欢读侦探、探险的书，带他们去学校图书馆，这一类的书会被一抢而空……

当孩子无忧无虑地做喜欢的事情时，不要用大人眼中的正经事打扰他，也不要用你眼中的框框去纠正他。

当然，孩子的兴趣也会随时改变，今天喜欢的，明天可能就丢弃一旁了。所以，大人们要善于观察、乐于引导。

喜欢的不一定是擅长的，擅长的不一定是喜欢的；但没有关系，唯有兴趣和热爱不可辜负。

我教过一个小姑娘，特别喜欢写作，别的孩子作文写500字，她会写2000字。我现在仍然记得她在语文课上每每奋笔疾书的样子，和她带着酒窝的白嫩的小脸。因为字数多了，她难免逻辑不清，语句啰唆，或是有诸多不规范之处。但是，作为教师的我从不纠结，我只是鼓励，告诉她"非常棒！""将来你可以成为作家！""当然，语句可以再规范些，谋篇布局再精心些，这样改一改就更好了！"

可能有的教师认为，别让孩子写这么多，免得考场作文写不完。但是，我想说，当你看到一个孩子如此喜欢写作这件事，如此如痴如醉，真的会被她感动！在她小小的心灵里，这就是最让她自信、最让她满足的事。是的，这个孩子知道自己爱什么、要什么，懂得如何让自己开心，这是多么幸福的感觉。很多大人都不及她，我们可能需要向这个孩子学习。

十几年过去，很可惜我和这个孩子已经断了联系，但我相信，一个有兴趣和毅力的孩子，即使没有遇到自己最喜欢的职业也一定不会差。无论如何，比起那些不喜欢自己的职业、在工作之余也没有自己的爱好的人来说，她会快乐得多，她的生活也会有意义得多。

　　我建议老师们和家长们，要关注分数，也要关注孩子学习的快乐。要在孩子们的面前呈现出话题的多样性、语境的丰富性。特别在与孩子谈论自己工作的时候，要让孩子感受到爸爸妈妈是在快乐地工作，正在从工作中体会到人生的价值和乐趣。这种正确态度会产生积极的暗示与影响，让孩子认清自己正在做的事情，并且认真地做这些事情，知道自己究竟要什么，获得内心的平静与充实。

建议十八

语文让生活趣味横生

汪曾祺说："成为有趣的人，远比身份、地位、名利更重要，它是一种心态，更是一种由内而外的修养。"我深以为然。

如何能体会到生活的美好？如何把平淡的生活过得有生趣？

作为一位语文教师，我脑海中闪现的是老舍的《猫》、丰子恺的《闲居》、鲁迅的《鸭的喜剧》、胡适的《差不多先生传》、朱自清的《论废话》……

孩子们呢？在紧张的学习生活之余，他们觉得生活有趣味吗？

2020年以来，新冠疫情来临并持续着。很多大人和孩子觉得没有机会外出旅行，生活索然无味。旅行固然有趣，但生活不仅是远方，眼前也会有诗。

"把平凡的每一天活得有趣，就是一个人永远的好天气。"

不知道读者在看到这句话的时候是怎样的心情。我在电脑上敲出这句话的时候，正坐在书城的咖啡馆里。旁边咖啡机发出打碎咖啡豆的独特声响，身边几个零零散散的顾客在读着书。我的右手边是一壶花茶。英式茶具上刻着一行字："自艺术与哲学感悟中汲取灵感，以自然的呼吸踏上诗意阅读之旅，聆听如水颂歌。"我左手边，扣在白色大理石桌案上的，是一本刚刚浏览过的散文。

其实，我刚刚放下电话，告诉家人，我稍晚些就会去幼儿园接孩子放学。但这并没有破坏我的心情，我想着女儿圆圆的小脸和敞开怀抱的温暖的家，荡漾起一丝只有自己能觉察的微笑。

渡边淳一在《钝感力》一书中是这样解释了人为什么会得胃溃疡的：

"以前，一提起胃溃疡，人们普遍认为那是由于暴饮暴食、饮食过度或饭量过大造成的。"

然而，根据加拿大医学家赛里埃的学说，胃溃疡的形成原因并非那么简单。精神上持久的压力及慢性疲劳也是重要原因。

赛里埃把老鼠们关在阴暗寒冷的地方，并不停地用小棒去杵它们，让它们不断担惊受怕，交感神经一直处于紧张的状态。

随着实验的持续进行，老鼠的消化器官开始出现溃疡，原本对精神压力最具抵抗力的肾上腺皮质出现带血的斑点，老鼠衰弱到了极点。

如果对这个过程进行更为具体的研究我们可以发现，通过不断骚扰实验老鼠，使其一直处于不安和烦躁状态之中，老鼠尾部的血管会开始变窄，血液循环会变差，胃最上面的黏膜部分会开始溃烂；随着溃烂的程度加剧，最后则导致胃溃疡。

简而言之，这个实验可以证明，胃溃疡产生于精神压力。

精神压力，也就是心理压力。现代生活中每个人多少都有所体验。心理压力主要来源于社会、生活和竞争三个压力源。

缓解压力的方式有很多，比如说"冥想解压"。通过冥想，想象所喜爱的地方，如大海、高山等，放松大脑，把思绪集中在想象物的看、闻、听上，让自己进入想象之中，就如同自己置身于大海、高山之中，享受着那一份心灵上的放松。

困惑时，及早倾诉。在感到困惑、棘手或难过的时候，人总会毫不犹豫地寻求帮助。当事情变得非常困难或身陷焦虑的时候，人找一个方式吐露，仅仅是倾诉本身，也能使压力获得释放，或许还会得到好的建议。

拥有自己的娱乐方式。安排出一定的时间尽情去做和工作无关而又一直想做的事。娱乐方式各种各样，但效果却非常相似：让自己释放压力，领略到生活中美好的、值得享受的内容，从而恢复对生活和工作的激情和热爱。

我们不妨来分析一下语文阅读和写作的过程。

能够选择自己喜欢的书来读的人，一定是有想象力的人。读书的过程，眼与脑是融合的，想象也随之相伴。在我看来，原著一定比任何改编的影视作品精彩，因为，读的过程有我的自己的理解和经历，是别人的诠释取代不了的。

阅读是主动积极的思维和情感过程。真正读进去了，世界就只剩下我和书本里的人和事儿，其他都暂时置之度外。

如可以依据自己的兴趣进行选择性的阅读，关心自己喜欢的人事景物、世间百态，身心格外放松，心情无比欢愉。

写作亦是如此。写日记，随笔来几句，不需要别人的品评，就是写给自己。不能与外人道的得以倾诉一番，写的过程就是一种释放。

多从这个角度和孩子聊一聊，最好能做孩子的榜样，鼓励孩子体验一下、感受一下。

语文不仅仅是一门学科，而是生活的一部分。它的存在不是一种负担，而是一种需要。与它同行，接纳它，会让生活更加惬意和美好。

建议十九
留出一点时间给自己

我偶尔会发一下微博。

作为寂寂无闻的博主，往往只有可怜的几十条关注。一次我写了一句话，没想到竟得到了众多的点击，让我受宠若惊。这句话是——"两个小时没看手机，一条微信也没有。突然感觉好幸福！"

看微信成为生活的习惯，总是不时打开，生怕漏掉一件事。各种各样的微信群、朋友圈里的信息，不管与自己关联与否，一股脑儿刷起来……应该统计一下人们每天看微信的平均次数，一定是个可观的数字！

随之而来的是没有缝隙的生活；或者说，有一点缝隙，我们也会不自觉地、忙不迭地用各种信息填满。

做"新教育"的学校每天会有"暮省"的时间。快节奏的学习生活让孩子们沉浸在忙碌中，一天下来，应该找一个时间来"沉淀"一下，把这一天的"杂质"过滤掉，把精华取出来，这样才能轻装上阵，才能在反思中不断进步；简言之，给心灵加加油。

在建立名师工作室之初，适逢寒假，我拿出近两个周的时间反复思考，经常就陷入了冥想的状态；想自己要做什么，带着10位老师要走向哪里去。这段时间被我称为"拿出时间和自己对话，寻找心灵成长的未来"。

一位全职妈妈，每周会拿出半天时间来，不带孩子，不搞卫生，不被琐事牵绊，自己去看看电影或是喝杯咖啡读读书；然后，再回到平淡繁杂的生活中。这难得的充电成为支撑她前行的小小动力。

"一鼓作气，再而竭，三而衰""强弩之末"都告诉我们事物衰减的规律，不能让自己一直装得太满、绷得太紧。

现在，精神压力大成为很多人的常态。压力大的感觉就像卓别林在《摩登时代》里的状态，一直在忙碌，精神高度紧张；即使休息也绷紧着神经，不得安心。不仅如此，还时不时拿起手机，生怕误了什么重要的工作。

在这里，我又要提及日本文学家渡边淳一，他提出：人需要有"钝感力"，就是迟钝的力量，从容面对生活中的挫折和伤痛。保持开朗、放松的心态，是让血液循环畅通无阻的绝佳方法。钝感力是保持身体健康的动力，它不会造成器官的消耗，会让人保持良好的心态，降低癌症的患病率，可以让人更为悠闲自在、胸襟开阔地生活下去。

能够放松下来也是一种能力。自己不要做多思多虑、凡事想不开的那一类人，也不要压得孩子喘不过气来。要教孩子学会留出时间，让自己的身心得到休养。

从这个角度看，阅读和写作就有特别的意义。无论成人还是孩子，能够静下心来读一本书、写一封信，身心是能够得到放松的，时间是独属于自己的。

上师范的时候，我结交了一位同样喜欢看足球联赛的笔友，她的笔名叫"谭粤"。我记得她说她的笔名就是谈论广州足球的意思。师范期间，每周末可以回家两天。我对自己的学业成绩还是很有要求的，所以周末几乎被学习占满。每每给笔友回信，就成为我的休闲一刻。后来，随着工作、成家，我渐渐地和谭粤失去了联系，但当年的书信我都留着，翻看起来真是一段青春的美好回忆。

有一件事，回想起来总有几丝愧疚。几年前，曾收到毕业学生的来信。当时他在读高中，就是我上师范的年纪。学生热情地向我介绍学校的见闻，表达对小学老师、童年生活的无限怀念。因当时自己正处在繁忙的状态，竟把这封信忽略了。多年之后，收拾东西偶然看到了这封信，听说这个孩子已经在德国上研究生了。

我时常会想：一个刚刚走进高中的孩子，在压力巨大又充满忐忑的情况下，给自己小学班主任写信。写这封信的时候，想必他的心情是平和与舒适的，把心情寄托在一张信纸上。写这封信就是他的一种倾诉和释放。也许他并没有热切地期待回信，也不会想到作为老师的我的遗憾。

一生被贫困所扰的朱自清，在写下《荷塘月色》《春》《匆匆》的时候，内心是充盈的、满足的。他从散文写作中所得到的快乐，我似乎可以体会。

表达自己的真情实感，是一件多么幸福的事！如果能够引导孩子用这样一种方式来享受属于自己的时间，那语文学习就充满了意义与乐趣。

在自己的时间里，如果能再涌上一些情绪和诗意，那是再好不过了。注视某一个自己从未关注的事物，产生一些有趣的遐想，让想象驰骋，让思绪开出花来，人文熏陶的价值便在于此。

建议二十

尊重每个人的不一样

有经验的老师懂得"摸"不同孩子的脾气。

每接到一个新班，几十个性格各异的孩子，对于我来说都是一次有趣的"科考"。我会用一个月的时间反复试探他们：奖励还是批评？奖励到什么程度，批评到什么程度？如何说话他们才能听得懂？如何能得到他们的喜欢？……

有趣的是，孩子们也在"摸"我：和同位说话，老师会不会生气？随意插几句话行不行？开个小差儿老师会不会发现？故意拖个长音老师会不会介意？……

过不了多久，孩子确定你是安全的，你的课堂是安全的，他便会安心地把自己交给你。你的教学他们会配合，你的话他们能听进去，你的一套规则他们也深谙在心，小小的默契也建立起来。每当这个时候，我便觉得当老师是一件很有意思的事。一个有个性的大人和一群有个性的孩子达成了共识，他们似乎从此有了共同的目标，可以心无旁骛地向前去。

有经验的老师不是见过所有特殊的孩子，而是已经习惯了每个孩子的"不一样"。

我从不指望一节生动有趣的课过后，全班的孩子都能在课堂检测中掌握得很好。我认可"多元智能理论"和"心理学规律",更加对孩子的成长充满了尊重和理解。

每到期末检测,语文老师最头疼的是听写生字、看拼音写词语之类的基础练习。全对的孩子早已把精力放在拓展练习和提升上,而学习困难的孩子好不容易改完错,第二天睡一觉回来,还是十几个甚至几十个字的错。

我也曾很是焦虑:记住这百十个字,有这么难吗?

一次,有一位老师的话点醒了我。他说:"我们老师多数是学习优秀的孩子,你真的不理解学不会孩子的感受。"

我观察了很多这样的孩子,他们认真改错、认真复习、认真记忆,最后的结果却总不尽如人意。他们还要面对老师的批评、家长的焦虑、同学们不露声色的轻视,还只能继续这样学啊学,他们的内心是怎样的委屈和无奈。

所以,对待学习态度认真的孩子,我从心底心疼他们、尊重他们,从不会惩罚,更不会讥讽。

教一年级的第一周,为了摸摸底,我设计了3道简单的小练习,题目就是把字和图连一连、圈出学过的字和填上正确的序号之类。学生第一次在练习纸写上了自己的名字,像模像样地做了起来。

我给了孩子充分的时间,把题目读得很清楚,把要求讲得很明白,还提醒他们用尺子连线,在括号里写序号。练习交上来,果然不出所料,仅有20多个孩子做得很到位,有7个孩子基本啥也没听懂。

要不要把这份练习发给家长,让家长知道自己的孩子没有听懂,孩子需要提高理解能力?我犹豫了。

最后,我没有公布所谓的成绩,而是用五星、三角等符号表示不同的情况。得到五星的,很棒;得到三角的,改一改也挺好。班级后面有个供老师批作业、与孩子谈话的小隔断。我便把每个孩子单独叫到后面,或是表扬,或是手把手教他们该怎么连线,把题目多解释几遍给他们听。

面对这些可爱的小朋友，我不想用对与不对、成绩的高低来评定他们，而仅仅是希望能够帮助他们学会一些，再学会一些，那就很好了。

"做最好的自己"，我深以为然。

我经常提起曾经教过的一位学生的妈妈。这个孩子是我遇到的最乖巧的男孩儿之一，写得一手漂亮的字，成绩始终位居前列，相当稳定。

一次家长会，他的妈妈留到最后。我以为表扬几句就可以结束谈话了，没想到他的妈妈突然热泪盈眶，向我"控诉"儿子如何不认真学习、她如何焦虑。当时，我真不知道该怎么安慰她才好。用现在的话来说，这也太"凡尔赛"了吧！

后来，我自己有了孩子，看着孩子的成长，我渐渐有些理解这位妈妈的感受。无论我们的孩子多么优秀、有多少优点，我们的心中似乎仍有一丝的不满和不甘：孩子还可以更好些吧，为什么不能更好些……

麻烦的是，我们的这些小情绪，往往或多或少地被孩子敏感地察觉到。一旦孩子认为无论怎么做你都不会满意时，这些积压的情绪便会成为青春期乃至各个逆反期隔阂与冲突的导火索。

我不禁想起柳宗元的《种树郭橐驼传》。

有人问他种树种得好的原因，他回答说："我并不能使树木活得长久而且长得很快，不过是能够顺应树木的自然生长规律，使它的本性充分发展而已。凡是种植的树木，它的本性是：树木的树根要舒展，它的培土要平均，它根下面的土要用原来培育树苗的土，根周围的捣土要紧实。这样做了之后，就不要再动，不要再忧虑它，离开后就不再管它。

栽种时要像对待子女一样细心，栽好后要像丢弃它一样放在一边，那么树木的天性就得以保全，它的本性也就能够得到充分发展。所以，我只不过不妨碍它的生长罢了，并不是有能使它长得高大茂盛的办法；只不过不抑制、减少它的结果罢了，也并不是有能力使它果实结得早又多。

别的种树人却不是这样。种树时，树根蜷曲着，又换了生土；给树培土的时候，不是过紧就是太松。如果有能够和这种做法相反的人，就又太过于吝惜它们了，担心它太过分了。早晨去看了，晚上又去摸摸，已经离开了，又回来望望。更严重的，甚至掐破树皮来观察它是死是活，摇动树的根部来看培土是松还是紧，这样树木的天性就一天天远去了。

虽然说是喜爱它，这实际上是害它；虽说是担心它，这实际上是仇视它。所以，他们种植的树都不如我。我又哪里有什么特殊本领呢？"

作为家长和老师，我们应该意识到，孩子就是这样的，他有他的成长特点。过多的催促、比较和干涉，只会让一切更糟。我们内心的迫切期待和焦虑应该尽快转化为发自内心的理解、接纳和支持。

我们要善于通过各种形式、借助各种机会反复暗示孩子：你努力了吗？只要尽到力了就好！掌握了更好的学习方法，很好！提高了一点学习的效率，很好！多记住了一个字，很好！……

只要你觉得自己进步了，你的内心充满自信和阳光，便无须在意他人的眼光，就没有人能轻视你。

孩子，爸爸、妈妈、老师、同学都是你最亲的人。没有关系，别着急，我们一起努力！

建议二十一

讲道理不如讲个故事

一次，与一位温婉的女作家交流如何引导学生接触传统文化。谈到读古文的时候她给我出建议：让孩子读《世说新语》吧！因为它用讲故事的方式讲道理，孩子能听得进去。

我们作为成年人，听到道理尚且难以消化，何况这些孩子们。

我是一个爱讲故事的老师，而且很多时候现"编"现"卖"，不打草稿。

学校的一位老师推荐用塑料小卡片过程性评价一年级的孩子们，表现好就发一张，每周累积换小奖章。我觉得不错，就从网上也购入了几百个。

准备用的那天，意外发现，各科老师都纷纷采用了这种办法，学生的手头已经有了一小摞，放在位洞里"叮叮当当"直响。这样，就算发给他们，他们似乎也并不怎么在意。在孩子心头没有价值的东西，便也失去了评价的分量。

于是，我想了个办法，在每一个小卡片上用红笔画了一个"小对钩"。

第一课是"我是中国人，我爱中国"。为了培养学生站直身体、大声说话的习惯，我让全班学生轮流站起来大声读这句话。凡是读得好的，在老师指导下有进步的，就能得到"神秘礼物"。

　　为了拉近和孩子的距离，我会"偷偷"地把小卡片放到学生的手中，并且提醒他们：这张卡片和其他老师发的都不一样，老师放到你手心，这是咱们俩的小秘密，你悄悄地看，找找它的不同。

　　"神秘礼物""小秘密""偷偷看"，这些关键词立刻激起了孩子们的兴趣。于是，一个个站直了身子大声朗读。当我把小卡片放进一个个湿乎乎的小手手心的时候，原本陌生的师生似乎有了默契，很多孩子狡黠一笑，缩着脖子偷偷看完，或是疑惑，或是恍然大悟。一张普通的卡片，因为发放方式的不同而有了特别的意味。

　　孩子的反应和我料想的一样。很多孩子发现了不同——语文的小卡片上面有一个"小对钩"！

　　于是，我心血来潮，编了一个《"小对钩"历险记》的故事。

　　从前，有一个漂亮的小对钩，她穿着一身红红的衣服，可漂亮了！

　　她和白纸姐姐是好朋友。她总喜欢在白纸姐姐身上跳来跳去，白纸姐姐也特别喜欢小对钩，她们形影不离。

　　但是有一天，她们因为一点儿小事儿吵架了。小对钩生气了，于是，她离开了白纸姐姐，到很远很远的地方去探险。

　　小对钩遇到了墙壁叔叔。她热情地打招呼："墙壁叔叔您好，您又白又漂亮，我可以到您的身上跳来跳去吗？"墙壁叔叔看着小对钩，生气地说："这可不行。我的身上白又白，这里不欢迎你！"

　　小对钩很难过，继续走呀走。她遇到了桌子阿姨，她热情地打招呼："桌子阿姨，您好。您又平又滑，我可以到您的身上跳来跳去吗？"

　　桌子阿姨看着小对钩，生气地说："这可不行。我的身上很干净，这里不欢迎你！"

　　小对钩很伤心，只能回到家找自己的好朋友白纸姐姐。她主动向白纸姐姐道歉："白纸姐姐，对不起！我不应该因为一点儿小事和您发脾气，您可以原谅我吗？"

白纸姐姐笑着说："我早就不生气了，我们还是最好的朋友！"

同学们，你们喜欢小对钩吗？为什么？

现在，可爱的小对钩就在你的手心，你可要保护好她，不要让她再历险了！

故事讲完。自此，小对钩成了班里孩子的"好朋友"。哪个字写得好，字的旁边就会盖上一个精美的小对钩印章；如果课堂好习惯没有养成，就要让小对钩"离开"你。把卡片还给老师是一件可怕的事，可不能让她到老师那里去。

大一些的孩子，这个方法依然很有效。

六年级毕业前的总复习，时间比较充分，很多孩子觉得自己复习得很好了，再加上马上毕业，心生摇曳，静不下心来；课堂上，眼睛虽然看着我，但思绪早已飞向别处。此时，批评、表扬可能让他们集中一时，但解决不了问题。

我想起在杂志上看到的一篇文章，便放下书，问："同学们，大家想不想听个故事？"

孩子们一听老师要讲故事，纷纷来了劲头，眼神立刻来了光彩，频频点头。

我清了清嗓子："我给大家讲一个发生在寺庙里的故事。"

一天，一个老和尚把弟子们叫到了大殿前的水缸边。他派小和尚们到后山上搬来很多大石块往水缸里放。没多久，水缸里就盛满了石头。老和尚问："水缸满了吗？"

"同学们，水缸满了吗？"我问学生。

弟子们点点头："嗯，满了。"

我接着讲：老和尚听罢，摇摇头。他叫小和尚从山坡上找来碎石，继续往水缸里填。没多久，水缸满了。老和尚问："水缸满了吗？"

"同学们，水缸满了吗？"我又问学生。

孩子们略有犹疑："满了吧？"

我笑了笑，接着讲：老和尚听罢，摇摇头。他叫小和尚从山坡上的沙地里担来沙子，继续往水缸里填。没多久，水缸又满了。老和尚问："水缸满了吗？"

"同学们，水缸满了吗？"我再问学生。

孩子们这次不敢随便说话了，瞪着眼睛听我继续讲下去。

我继续讲：老和尚叫小和尚从井里打上水，继续往水缸里填。没多久，水缸满了。老和尚又问："水缸满了吗？"

很多孩子似恍然大悟："这次总该满了吧？"

有的孩子说："没满，还可以放盐！""没满，还能放进去大头针、曲别针！"……

我没有再讲下去，只是留给孩子们几句话："同学们，你们现在满了吗？""毕业在即，老师希望你们懂得——滴水之间，亦有无限的空间。"

佛家说的是"一花一世界，一叶一菩提"。庄子看庖丁解牛得养生之道，孔子看河水流淌叹"逝者如斯夫，不分昼夜"，阮籍"不由径路，车迹所穷，辄恸哭而反"，还有我们更为熟悉的"落叶知秋""尝一脟肉，而知一镬之味"。很多大道理，就在日常生活中，就在寻常事物中，就在小小的故事里。

莫言在瑞典学院发表的演讲，主题为"讲故事的人"。演讲结束后，嘉宾都被莫言的故事所感动，听众集体起立，鼓掌长达一分钟。外媒评价，其讲演简简单单却透彻心扉。

让我记忆最深刻的，是他深情回忆与母亲的一件小事："跟着母亲去集体的地里捡麦穗，看守麦田的人来了，捡麦穗的人纷纷逃跑，我母亲是小脚，跑不快，被捉住。那个身材高大的看守人扇了她一个耳光，她摇晃着身体跌倒在地，看守人没收了我们拣到的麦穗，吹着口哨扬长而去。我母亲嘴角流血，坐在地上，脸上那种绝望的神情让我终生难忘。多年之后，当那个看守麦田的人成为一个白发苍苍的老人，在集市上与我相逢，我冲上去想找他报仇，母亲拉住了我，平静地对我说：'儿子，那个打我的人，与这个老人，并不是一个人。'"

当孩子们喋喋不休地向你讲述一个故事，请高兴并投以赞许的眼神，津津有味地做他（她）最耐心的听众。

尝试做一个会讲故事的大人，自然地讲述，让孩子的眼里溢出光彩来。

建议二十二

从大处着眼小处着手

孩子应该读什么书？

只随着兴趣漫无目的，可以吗？

现在的书籍名目繁多，经典也是俯拾皆是。不少家长让我推荐孩子的阅读书目。

上学期期末，我在工作室里了解老师们的推荐阅读书目，发现不同的区域都会有假期读书推荐，虽然书目各不相同，但提倡阅读是都要做的。

其实，对于阅读，我们是非常重视的。

只有在每个公民多读一册经典、多逐一份理性的阅读活动中，我们的民族精神才能真正地厚重起来、深邃起来。

4月2日是丹麦童话大师安徒生的诞辰，1967年国际儿童读物联盟（IBBY）把这一天定为"国际儿童读书日"，以唤起人们对读书的热爱和对儿童读书的关注。

早在20世纪90年代国家就积极倡导"全民读书"，建设"阅读社会"。至今，"全民阅读""书香社会"已成为我国"学习型社会"建设和发展的主题。

在新媒体与信息化时代，阅读不仅体现为个体的一种技术操作能力，更反映着个体的社会存在状态、发展水平和自我实现程度，关乎着个体成长和国家发展的质量。

对于青少年，教育部门把阅读能力的培育放在了突出和重要的位置，将阅读作为课程实施的核心理念，尤其强调"整本书阅读"习惯的培养。阅读要始终伴随各学科的学习活动，开启于阅读、贯穿于阅读、评价于阅读，直指学生核心素养的发展。

据我所知，阅读的推进不仅是语文老师在做，学校在很多层面也在努力。每个学校的图书馆必须配备一定比例的图书并每年替旧、增补，多数学校设立了"读书节""读书角""阅读打卡""读书存折"等不同形式的读书活动。在家长层面，现在已经很少见到不鼓励学生读书的家长，多数家长会经常带孩子到书店、图书馆等场所，家中藏书众多的也不在少数。

在如此氛围和力度的推动下，我们的孩子读书现状如何呢？ 2016年第50个"国际儿童读书日"期间，某杂志曾做过一次调查。记者通过网络和实地投放了1257份问卷，结合实地观察、个别访谈的形式，对6～14岁儿童课外阅读的态度、兴趣、内容、习惯、方式方法等进行了调查。

学生最喜欢哪种类型的书？记者了解到，有约两成的学生选择了经典名著，近三成的学生选择了历史地理和自然科学。而受到学生热捧的图书中，排在前三位的分别是卡通漫画、童话故事、武侠玄幻小说。

在苏州某国际学校的学生阅览室，记者随手翻了几本学生"意见簿"，很多同学写道：希望学校增加漫画搞笑类的书。北京青年政治学院附属中学少儿图书管理员李英老师告诉记者，从图书馆的借阅量来看，绘本、幽默笑话、科普类图书借阅量的排行比较靠前。女孩更喜欢看杨红樱的《流浪猫和流浪狗》《女生日记》《淘气包马小跳系列》等语言细腻、意境唯美的童话故事书，很多男孩则喜欢沈石溪的动物小说。至于经典名著，李老师表示借阅率较低。

辽宁省营口市鲅鱼圈区芦屯中学语文教师李秀君告诉记者："我面对的学生是初中生，他们正处于懵懂的年华，对这个世界好奇，所以他们大部分人的阅读都是被动的、从众的。大部分人读名著都是为了应付考试，没有真正体会读书的乐趣。他们也没有良好的阅读习惯。尽管作为老师会提醒他们每天有计划地读点书，可是真正做得很少。都是快速阅读。"受访学生中，有87.5%的学生都认为阅读，特别是读经典、读名著对自己的帮助很大，但为什么经典名著受冷落呢？

"名著太长了，读起来有点儿难理解，感觉很累，况且考试又不考名著上的内容。"北京朝阳区某小学五年级的刘同学说。对此，北京密云区卸甲山小学校长王喜明说："小学生在图书选择上偏重通俗性、实用性和趣味性，相比经典文学作品的隽永，这些轻松搞笑、休闲娱乐的读物更容易吸引孩子的眼球，给儿童带来视觉上的快感和精神上的愉悦。同时可以缓解学校课业负担的压力。"记者查看了几家知名网上图书商城，销售榜单中诸如《小学生满分作文大全》《全国获奖作文集》《小学生怎样写好作文》等教辅书的销量遥遥领先。学生最喜欢的书，家长可未必买账。湖北一位"00后"的学生家长张先生说起孩子"为了作文，只读习作"时显得有些无奈，"作为家长，我也知道孩子应该博览群书，但是读习作对于考试有立竿见影的效果"。一名有着多年教学经验的老师更是直言，有些同学读书目的很单一，阅读往往是功利性的，就是为了在作文时或讨论发言时引几句名言、背几联古诗，露一露，以显示自己的博学。这种人读书时往往不大注意书的整体脉络、内在底蕴和精神实质，他们只能获得一些零碎的知识，不可能探得书的精髓，也难以陶冶性情、培养气质。在北京市朝阳区教研中心语文教研员何郁老师看来，目前中小学语文课本都是文选式的，这决定了长一些篇幅的散文或小说不太可能完整地走进课本，长篇小说更是只能节选；又因为教学时间的有限和考试分数的压力，所以在教学中，老师们一般不太可能直接将一部长篇经典引进课堂，久而久之，就造成学生阅读经典的零敲碎打，好端端的一部经典就被碎片化了。这一方面造成经典作品价值和意义的流失和破坏；另一方面，也使学生的阅读能力缺少深度和完整性，思维能力的训练被强行削弱。这是目前文选阅读的弊端。从这个意义上说，我们必须加强经典原作的阅读。

湖北大学文学院丁利荣副教授，是一位12岁男孩的母亲。聊起当下儿童出版物的质量，她说："曾经给儿子买了松居直的《我的图画书论》三本关于绘本的图书，但明显的，儿子喜欢看松居直的书甚过《中国儿童阅读6人谈》，正如两种书的印刷和排版给人的感觉一样，前者清新、舒适，后者密密麻麻，略显压抑、厚重。就书的风格而言，松居直的书娓娓道来，于不知不觉中沁入心灵，得到身心情理上的满足和愉悦，而后者却过于正襟危坐、严肃和沉闷。为什么国内的书都不能从情感、人生体验中举重若轻地谈呢？书首先应让人有一种亲近感和亲切感。"而像丁教授一样，有类似困惑的家长不在少数。家住成都的刘女士，孩子上一年级，提起帮孩子选书，她也说出了自己的苦恼。"现在我们出去买书，出版物琳琅满目，有时候实在是无从下手，感觉非常茫然。尤其是对于经典的改编，让人忧心忡忡。"她告诉记者："给女儿买的书中，90%以上的读物，都是国外引进的。从《鼠小弟》《小熊宝宝》《不一样的卡梅拉》……到一些童话类读物《安徒生童话》《格林童话》等比比皆是。但是我特别想让孩子也接触一下中国优秀的绘本作品，比较好的都是几十年前的《九色鹿》《小蝌蚪找妈妈》，再有一些如外研社出的儿童读物《黑猫警长》《葫芦兄弟》等。直到有朋友推荐给我台湾汉声出版的丛书《最美最美中国童话》，终于让她稍微系统地了解到中国其实也是有自己的童话故事的。"

针对这些问题，我想特别推荐2020年教育部研制发布的《中小学阅读指导目录（2020年版）》，包括小学110种、初中100种、高中90种，具体如下：

教育部基础教育课程教材发展中心
中小学生阅读指导目录（2020年版）
小学段

序号	推荐学段	分类	图书名称	作者
1	小学1—2年级	人文社科	五星红旗	华琪、杨汝戬，马堪岱 主编
2	小学1—2年级	人文社科	读图识中国	人民教育出版社地图编辑室 编
3	小学1—2年级	人文社科	中华人物故事汇，中华先锋人物故事汇	徐鲁，葛竞，汤素兰，吴尔芬，吕丽娜，肖显志，余雷，张吉宙，王巨成等 著
4	小学1—2年级	文学	萝卜回来了	方轶群 文/严个凡 画
5	小学1—2年级	文学	没头脑和不高兴	任溶溶 著
6	小学1—2年级	文学	儿歌300首	金波，郑春华等 著
7	小学1—2年级	文学	小巴掌童话	张秋生 著
8	小学1—2年级	文学	小马过河	彭文席 著
9	小学1—2年级	文学	吃黑夜的大象	白冰 著/沈苑苑 绘
10	小学1—2年级	文学	大头儿子和小头爸爸	郑春华 著
11	小学1—2年级	文学	我有友情要出租	方素珍 著/郝洛玟 绘
12	小学1—2年级	文学	一园青菜成了精	编自北方童谣/周翔 绘
13	小学1—2年级	文学	团圆	余丽琼 文/朱成梁 图
14	小学1—2年级	文学	格林童话	［德］格林兄弟 著/杨武能 译
15	小学1—2年级	文学	弗朗兹的故事	［奥］克里斯蒂娜·涅斯特林格 著/湘雪 译
16	小学1—2年级	自然科学	小彗星旅行记	徐刚 著/绘
17	小学1—2年级	自然科学	嫦娥探月立体书	马莉等 文/王晓旭 图
18	小学1—2年级	自然科学	趣味数学百科图典	田翔仁 编著
19	小学1—2年级	自然科学	来喝水吧	［澳］葛瑞米·贝斯 文/图
20	小学1—2年级	艺术	爸爸的画，沙坪小屋	丰子恺 绘/丰陈室，丰一吟 著
21	小学1—2年级	艺术	京剧脸谱	傅学斌 著
22	小学3—4年级	人文社科	周恩来寄语：青少年版	周恩来思想生平研究会 编

序号	推荐学段	分类	图书名称	作者
23	小学3—4年级	人文社科	雷锋的故事	陈广生，崔家骏 著
24	小学3—4年级	人文社科	林汉达中国历史故事集	林汉达，雪岗 编著
25	小学3—4年级	人文社科	刘兴诗爷爷给孩子讲中国地理	刘兴诗 著
26	小学3—4年级	人文社科	居里夫人的故事	［英］埃列娜·杜尔利 著
27	小学3—4年级	人文社科	儿童哲学智慧书	［法］柏尼菲 著/［法］卢里耶等 绘
28	小学3—4年级	人文社科	哲学鸟飞罗系列	［法］拉贝 著/［法］加斯特 绘
29	小学3—4年级	文学	成语故事	——
30	小学3—4年级	文学	中国古今寓言	——
31	小学3—4年级	文学	中国神话故事集	袁珂 著
32	小学3—4年级	文学	稻草人	叶圣陶 著
33	小学3—4年级	文学	宝葫芦的秘密	张天翼 著
34	小学3—4年级	文学	三毛流浪记	张乐平 著
35	小学3—4年级	文学	"下次开船"港	严文井 著
36	小学3—4年级	文学	孙悟空在我们村里	郭凤 著
37	小学3—4年级	文学	小英雄雨来	管桦 著
38	小学3—4年级	文学	帽子的秘密	柯岩 文
39	小学3—4年级	文学	小布头奇遇记	孙幼军 著
40	小学3—4年级	文学	推开窗子看见你	金波 著
41	小学3—4年级	文学	笨狼的故事	汤素兰 著
42	小学3—4年级	文学	盘中餐	于虹呈 著
43	小学3—4年级	文学	爱的教育	［意］阿米琪斯 著/王干卿 译
44	小学3—4年级	文学	夏洛的网	［美］E.B.怀特 著/任溶溶 译
45	小学3—4年级	文学	窗边的小豆豆	［日］黑柳彻子 著/赵玉皎 译
46	小学3—4年级	自然科学	少儿科普三字经	亚子 著/金平 绘

续表

序号	推荐学段	分类	图书名称	作者
47	小学3—4年级	自然科学	中国国家博物馆儿童历史百科绘本	中国国家博物馆 著
48	小学3—4年级	自然科学	昆虫漫话	陶秉珍 著
49	小学3—4年级	自然科学	中国儿童视听百科,飞向太空	《飞向太空》编委会 编著
50	小学3—4年级	自然科学	异想天开的科学游戏	高云峰 著
51	小学3—4年级	自然科学	万物简史:少儿彩绘版	〔英〕布莱森 著
52	小学3—4年级	自然科学	蜡烛的故事	〔英〕法拉第 著
53	小学3—4年级	艺术	地球的红飘带	魏巍 原著/王素 改编/沈尧伊 绘画
54	小学3—4年级	艺术	人民音乐家:冼星海	郭冰茹 著
55	小学3—4年级	艺术	父与子	〔德〕埃·奥·卜劳思 著
56	小学5—6年级	人文社科	毛泽东箴言	中国中共文献研究会 编订
57	小学5—6年级	人文社科	习近平讲故事:少年版	人民日报评论部 著
58	小学5—6年级	人文社科	马克思画传:马克思诞辰200周年纪念版	中共中央马克思恩格斯列宁斯大林著作编译局 编
59	小学5—6年级	人文社科	中华人民共和国未成年人保护法	全国人大常委会办公厅 供稿
60	小学5—6年级	人文社科	中华人物故事汇.中华先烈人物故事汇	张树军,张海鹏,军事科学院解放军党史军史研究中心编写组主编/编著 等
61	小学5—6年级	人文社科	我们走在大路上:1949—2019	大型文献专题片《我们走在大路上》创作组 著
62	小学5—6年级	人文社科	"抵御外侮——中华英豪传奇"丛书	张海鹏 主编
63	小学5—6年级	人文社科	重读先烈诗章	中共中央宣传部宣传教育局 编
64	小学5—6年级	人文社科	梦圆大地:袁隆平传	姚昆仑 著

续表

序号	推荐学段	分类	图书名称	作者
65	小学5—6年级	人文社科	思考世界的孩子	［法］阿内—索菲·希拉尔等著/［法］帕斯卡尔·勒梅特尔 绘
66	小学5—6年级	人文社科	写给孩子的哲学启蒙书	［法］拉贝·［法］毕奇 著
67	小学5—6年级	文学	声律启蒙	（清）车万育 著
68	小学5—6年级	文学	千家诗	（宋）谢枋得，（明）王相 选编
69	小学5—6年级	文学	可爱的中国（单行本）	方志敏 著
70	小学5—6年级	文学	寄小读者	冰心 著
71	小学5—6年级	文学	大林和小林	张天翼 著
72	小学5—6年级	文学	呼兰河传	萧红 著
73	小学5—6年级	文学	狐狸打猎人	金近 著
74	小学5—6年级	文学	城南旧事	林海音 著
75	小学5—6年级	文学	小兵张嘎	徐光耀 著
76	小学5—6年级	文学	闪闪的红星	李心田 著
77	小学5—6年级	文学	我们的母亲叫中国	苏叔阳 著
78	小学5—6年级	文学	美丽的西沙群岛	刘先平 著
79	小学5—6年级	文学	非法智慧	张之路 著
80	小学5—6年级	文学	一百个孩子的中国梦	董宏猷 著
81	小学5—6年级	文学	童年河	赵丽宏 著
82	小学5—6年级	文学	草房子	曹文轩 著
83	小学5—6年级	文学	男生贾里全传	秦文君 著
84	小学5—6年级	文学	今天我是升旗手	黄蓓佳 著
85	小学5—6年级	文学	芝麻开门	祁智 著
86	小学5—6年级	文学	你是我的妹	彭学军 著
87	小学5—6年级	文学	黑焰	格日勒其木格·黑鹤 著
88	小学5—6年级	文学	安徒生童话	［丹麦］安徒生 著/叶君健 译

续表

序号	推荐学段	分类	图书名称	作者
89	小学5—6年级	文学	汤姆·索亚历险记	［美］马克·吐温 著/张友松 译
90	小学5—6年级	文学	假如给我三天光明	［美］海伦·凯勒 著/李汉昭 译
91	小学5—6年级	文学	小王子	［法］圣·埃克苏佩里 著/柳鸣九 译
92	小学5—6年级	文学	永远讲不完的故事	［德］米切尔·恩德 著/李士勋 译
93	小学5—6年级	文学	哈利·波特与魔法石	［英］J.K.罗琳 著/苏农 译
94	小学5—6年级	自然科学	国家版图知识读本	《国家版图知识读本》编纂委员会 编著
95	小学5—6年级	自然科学	大国重器：图说当代中国重大科技成果	贲德 主编
96	小学5—6年级	自然科学	中国历史上的科学发明：插图本	钱伟长 著
97	小学5—6年级	自然科学	中国儿童地图百科全书，世界遗产	《世界遗产》编委会 编著
98	小学5—6年级	自然科学	小学生食品安全知识读本	刘烈刚，杨雪锋 主编
99	小学5—6年级	自然科学	海错图笔记	张辰亮 著
100	小学5—6年级	自然科学	每月之星	陶宏 著
101	小学5—6年级	自然科学	寂静的春天	［美］蕾切尔·卡森 著
102	小学5—6年级	自然科学	空间简史	［意］托马斯·马卡卡罗，［意］克劳迪奥·M.达达里 著
103	小学5—6年级	自然科学	BBC科普三部曲	［英］伊恩·斯图尔特，［英］约翰·林奇，［英］保尔·罗斯等 著
104	小学5—6年级	自然科学	昆虫记	［法］让-亨利·法布尔 著

续表

序号	推荐学段	分类	图书名称	作者
105	小学5—6年级	艺术	启功给你讲书法	启功 著
106	小学5—6年级	艺术	京剧常识手册	涂沛，苏移等 著
107	小学5—6年级	艺术	中国戏曲：连环画（推荐：窦娥冤，桃花扇，白蛇传，卖油郎，打面缸，梁山伯与祝英台，玉堂春，宇宙锋，钗头凤，牡丹亭，寇准背靴，望江亭，穆桂英，十五贯）	（明）汤显祖等 原著/良士等 改编/赵宏本等 绘画
108	小学5—6年级	艺术	戏曲进校园	郑传寅，黄蓓 编著
109	小学5—6年级	艺术	中国民歌欣赏	周青青 著
110	小学5—6年级	艺术	建筑艺术的语言	刘先觉 著

教育部基础教育课程教材发展中心
中小学生阅读指导目录（2020年版）
初中段

序号	推荐学段	分类	图书名称	作者
1	初中	人文社科	毛泽东传	中共中央文献研究室 编
2	初中	人文社科	我的父亲邓小平：战争年代	邓榕 著
3	初中	人文社科	中国共产党的九十年	中共中央党史研究室 著
4	初中	人文社科	中华人民共和国刑法的孕育诞生和发展完善	高铭暄 著
5	初中	人文社科	中华人民共和国简史：1949-2019	当代中国研究所 著
6	初中	人文社科	红军长征史	中共中央党史研究室第一研究部 编著

序号	推荐学段	分类	图书名称	作者
7	初中	人文社科	星火燎原精选本	刘伯承，贺龙，陈毅，罗荣桓，徐向前，聂荣臻，叶剑英 等 著
8	初中	人文社科	中国抗日战争史简明读本	《中国抗日战争史简明读本》编写组 编著
9	初中	人文社科	重读抗战家书	中共中央宣传部宣传教育局 编
10	初中	人文社科	红星照耀中国	［美］埃德加·斯诺 著
11	初中	人文社科	从鸦片战争到五四运动	胡绳 著
12	初中	人文社科	简明中国历史读本	中国社会科学院历史研究所《简明中国历史读本》编写组 编写
13	初中	人文社科	中国故事到中国智慧	蔡昉 著
14	初中	人文社科	我心归处是敦煌：樊锦诗自述	樊锦诗 口述/顾春芳 撰写
15	初中	人文社科	中国文化的根本精神	楼宇烈 著
16	初中	人文社科	中国古代衣食住行	许嘉璐 著
17	初中	人文社科	左传选	朱东润 选注
18	初中	人文社科	史记选	王伯祥 选注
19	初中	人文社科	颜氏家训译注	（北齐）颜之推 著/庄辉明，章义和 译注
20	初中	人文社科	写给中学生的心理学	崔丽娟等 著
21	初中	文学	诗经选	余冠英 选注
22	初中	文学	世说新语选译	（南朝宋）刘义庆 著/柳士镇，钱南秀 译注
23	初中	文学	唐诗三百首	（清）蘅塘退士 编
24	初中	文学	元明清散曲选	王起 主编/洪柏昭，谢伯阳 选注
25	初中	文学	水浒传	（明）施耐庵 著

续表

序号	推荐学段	分类	图书名称	作者
26	初中	文学	西游记	（明）吴承恩 著
27	初中	文学	聊斋志异选	（清）蒲松龄 著/张友鹤 选注
28	初中	文学	儒林外史	（清）吴敬梓 著
29	初中	文学	古文观止	（清）吴楚材，（清）吴调侯 选编
30	初中	文学	老残游记	（清）刘鹗 著
31	初中	文学	毛泽东诗词集	中共中央文献研究室 编
32	初中	文学	朝花夕拾	鲁迅 著
33	初中	文学	文心	夏丏尊，叶圣陶 著
34	初中	文学	甲骨文的故事	董作宾，董敏 著
35	初中	文学	革命烈士诗抄	萧三 主编
36	初中	文学	朱自清散文选集	朱自清 著
37	初中	文学	闻一多诗选	闻一多 著
38	初中	文学	骆驼祥子	老舍 著
39	初中	文学	杜甫传	冯至 著
40	初中	文学	吴伯箫散文选	吴伯箫 著
41	初中	文学	赵树理选集	赵树理 著
42	初中	文学	傅雷家书	傅雷 著
43	初中	文学	孔子的故事	李长之 著
44	初中	文学	艾青诗选	艾青 著
45	初中	文学	红日	吴强 著
46	初中	文学	白洋淀纪事	孙犁 著
47	初中	文学	青春之歌	杨沫 著
48	初中	文学	红旗谱	梁斌 著
49	初中	文学	创业史	柳青 著
50	初中	文学	艺海拾贝	秦牧 著
51	初中	文学	汪曾祺散文	汪曾祺 著

续表

序号	推荐学段	分类	图书名称	作者
52	初中	文学	保卫延安	杜鹏程 著
53	初中	文学	林海雪原	曲波 著
54	初中	文学	红岩	罗广斌，杨益言 著
55	初中	文学	青春万岁	王蒙 著
56	初中	文学	俗世奇人	冯骥才 著
57	初中	文学	我与地坛	史铁生 著
58	初中	文学	突出重围	柳建传 著
59	初中	文学	额尔古纳河右岸	迟子建 著
60	初中	文学	焰火	李东华 著
61	初中	文学	伊索寓言	［古希腊］伊索 著/罗念生等 译
62	初中	文学	希腊神话和传说	［德］古斯塔夫·斯威布 著/楚图南 译
63	初中	文学	格列佛游记	［英］乔纳森·斯威夫特 著/杨昊成 译
64	初中	文学	简·爱	［英］夏洛蒂·勃朗特 著/吴钧燮 译
65	初中	文学	瓦尔登湖	［美］梭罗 著/刘缕 译
66	初中	文学	海底两万里	［法］凡尔纳 著/陈筱卿 译
67	初中	文学	新月集·飞鸟集	［印度］泰戈尔 著/郑振铎 译
68	初中	文学	童年	［苏联］高尔基 著/郑海凌 译
69	初中	文学	书的故事	［苏联］伊林 著/胡愈之 译
70	初中	文学	钢铁是怎样炼成的	［苏联］奥斯特洛夫斯基 著/梅益 译
71	初中	自然科学	九章算术	（汉）张苍等 辑撰
72	初中	自然科学	天工开物	（明）宋应星 著
73	初中	自然科学	十万个为什么	韩启德 总主编

续表

序号	推荐学段	分类	图书名称	作者
74	初中	自然科学	科学发现纵横谈	王梓坤 著
75	初中	自然科学	科学大师的失误	杨建邺 著
76	初中	自然科学	大哉数学之为用：华罗庚著作选集	华罗庚 著
77	初中	自然科学	数学家的眼光	张景中 著
78	初中	自然科学	美丽的化学结构	梁琰 著
79	初中	自然科学	漫步中国星空	齐锐，万昊宜 著
80	初中	自然科学	对年轻科学家的忠告	［英］P.B.梅多沃 著
81	初中	自然科学	科学的社会功能	［英］贝尔纳 著
82	初中	自然科学	关于两门新科学的对话	［意］伽利略 著
83	初中	自然科学	伪科学与超自然现象	［美］特伦斯·海恩斯 著
84	初中	自然科学	趣味物理学	［俄］雅科夫·伊西达洛维奇·别莱利曼 著
85	初中	自然科学	物理定律的本性	［美］P.R.费曼 著
86	初中	自然科学	居里夫人文选	［法］玛丽·居里 著
87	初中	自然科学	化学基础论	［法］安托万-洛朗·拉瓦锡 著
88	初中	自然科学	二十世纪生物学的分子革命：分子生物学所走过的路	［法］莫朗热 著
89	初中	自然科学	最初三分钟：关于宇宙起源的现代观点	［美］史蒂文·温伯格 著
90	初中	自然科学	海陆的起源	［德］魏格纳 著
91	初中	艺术	谈笑	朱光潜 著
92	初中	艺术	极简中国书法史	刘涛 著
93	初中	艺术	中国古建筑二十讲	楼庆西 著
94	初中	艺术	江南古典私家园林	阮仪三 主编
95	初中	艺术	世界美术名作二十讲	傅雷 著

续表

序号	推荐学段	分类	图书名称	作者
96	初中	艺术	京剧欣赏	高新 著/达世平等 配图
97	初中	艺术	中乐寻踪	辛丰年 著
98	初中	艺术	交响音乐欣赏	李应华 著
99	初中	艺术	华君武漫画选	华君武 作
100	初中	艺术	设计，无处不在	［美］赫斯科特 著/丁珏 译

教育部基础教育课程教材发展中心
中小学生阅读指导目录（2020年版）
高中段

序号	推荐学段	分类	图书名称	作者
1	高中	人文社科	共产党宣言	［德］马克思，［德］恩格斯 著
2	高中	人文社科	实践论 矛盾论	毛泽东 著
3	高中	人文社科	习近平新时代中国特色社会主义思想学习纲要	中共中央宣传部 编
4	高中	人文社科	大众哲学	艾思奇 著
5	高中	人文社科	中国特色社会主义基本原理	韩庆祥，张健，张艳涛 著
6	高中	人文社科	中国共产党历史	中共中央党史研究室 著
7	高中	人文社科	新中国70年	当代中国研究所 著
8	高中	人文社科	中国历史十五讲	张岂之 主编
9	高中	人文社科	中国法制文明史	张晋藩 著
10	高中	人文社科	锦程：中国丝绸与丝绸之路	赵丰 著
11	高中	人文社科	论语译注	杨伯峻 译注
12	高中	人文社科	老子今注今译	陈鼓应 注译
13	高中	人文社科	资治通鉴选	王伯祥等 编注
14	高中	人文社科	中国思想史纲	侯外庐 主编

续表

序号	推荐学段	分类	图书名称	作者
15	高中	人文社科	中国文化精神	张岱年，程宜山 著
16	高中	人文社科	人间正道是沧桑：世界社会主义五百年	顾海良 主编
17	高中	人文社科	简明世界历史读本	武寅 主编
18	高中	人文社科	简单的逻辑学	［美］麦克伦尼 著
19	高中	文学	孟子译注	杨伯峻 译注
20	高中	文学	庄子选集	陆永品 选注
21	高中	文学	楚辞选	陆侃如，袭克昌 选译
22	高中	文学	汉魏六朝诗选	余冠英 选注
23	高中	文学	唐宋散文举要	王水照 著
24	高中	文学	唐宋传奇选	张友鹤 选注
25	高中	文学	宋词选	胡云翼 选注
26	高中	文学	窦娥冤：关汉卿选集	（元）关汉卿 著/康保成，李树玲 选注
27	高中	文学	西厢记	（元）王实甫 著/王季思 校注
28	高中	文学	牡丹亭	（明）汤显祖 著/徐朔方，杨笑梅校注
29	高中	文学	三国演义	（明）罗贯中 著
30	高中	文学	徐霞客游记	（明）徐霞客 著
31	高中	文学	红楼梦	（清）曹雪芹 著
32	高中	文学	官场现形记	（清）李伯元 著
33	高中	文学	人间词话	王国维 著
34	高中	文学	鲁迅杂文选读	鲁迅 著
35	高中	文学	呐喊	鲁迅 著
36	高中	文学	彷徨	鲁迅 著
37	高中	文学	屈原	郭沫若 著
38	高中	文学	子夜	茅盾 著

续表

序号	推荐学段	分类	图书名称	作者
39	高中	文学	茶馆	老舍 著
40	高中	文学	边城	沈从文 著
41	高中	文学	家	巴金 著
42	高中	文学	暴风骤雨	周立波 著
43	高中	文学	曹禺戏剧选	曹禺 著
44	高中	文学	围城	钱钟书 著
45	高中	文学	射雕英雄传	金庸 著
46	高中	文学	平凡的世界	路遥 著
47	高中	文学	哦，香雪	铁凝 著
48	高中	文学	历史的天空	徐贵祥 著
49	高中	文学	三体	刘慈欣 著
50	高中	文学	中华传统文化经典百篇	袁行霈，王促伟，陈进玉 主编
51	高中	文学	经典常谈	朱自清 著
52	高中	文学	语文常谈	吕叔湘 著
53	高中	文学	诗词格律	王力 著
54	高中	文学	乡土中国	费孝通 著
55	高中	文学	堂吉诃德	［西班牙］塞万提斯 著/杨绛 译
56	高中	文学	哈姆雷特	［英］莎士比亚 著/朱生豪 译
57	高中	文学	普希金诗选	［俄］普希金 著/查良铮 译
58	高中	文学	悲惨世界	［法］雨果 著/郑克鲁 译
59	高中	文学	大卫·科波菲尔	［英］狄更斯 著/宋兆霖 译
60	高中	文学	战争与和平	［俄］列夫·托尔斯泰 著/刘辽逸 译
61	高中	文学	莫泊桑短篇小说选	［法］莫泊桑 著/张英伦 译
62	高中	文学	契诃夫短篇小说	［俄］契诃夫 著/汝龙 译
63	高中	文学	老人与海	［美］海明威 著/李育超 译

续表

序号	推荐学段	分类	图书名称	作者
64	高中	自然科学	齐民要术	（北魏）贾思勰 著
65	高中	自然科学	天道与人文	竺可桢 著/施爱东 编
66	高中	自然科学	科学史十论	席泽宗 著
67	高中	自然科学	数学文化小丛书	李大潜 主编
68	高中	自然科学	时空之舞：中学生能懂的相对论	陈海涛 著
69	高中	自然科学	呦呦有蒿：屠呦呦与青蒿素	饶毅、张大庆、黎润红 编著
70	高中	自然科学	5G+：5G如何改变社会	李正茂等 著
71	高中	自然科学	科学革命的结构	［美］托马斯·库思 著
72	高中	自然科学	笛卡儿几何	［法］笛卡儿 著
73	高中	自然科学	自然哲学之数学原理	［英］牛顿 著
74	高中	自然科学	狭义与广义相对论浅说	［美］爱因斯坦 著
75	高中	自然科学	化学键的本质	［美］L.鲍林 著
76	高中	自然科学	物种起源	［英］达尔文 著
77	高中	自然科学	基因论	［美］摩尔根 著
78	高中	自然科学	生命是什么	［奥］薛定谔 著
79	高中	自然科学	天体运行论	［波］尼古拉·哥白尼 著
80	高中	自然科学	计算机与人脑	［美］冯·诺伊曼 著
81	高中	自然科学	从存在到演化	［比利时］普里戈金 著
82	高中	艺术	美学散步	宗白华 著
83	高中	艺术	美源：中国古代艺术之旅	杨泓，李力 著
84	高中	艺术	生命清供：国画背后的世界	朱良志 著
85	高中	艺术	中国古代服饰研究	沈从文 编著
86	高中	艺术	中国皇家园林	贾珺 著

续表

序号	推荐学段	分类	图书名称	作者
87	高中	艺术	名家讲中国戏曲	《文史知识》编辑部 编
88	高中	艺术	漫画的幽默	方成 著
89	高中	艺术	我的音乐笔记	肖复兴 著
90	高中	艺术	艺术的故事	［英］贡布里希 著/范景中 译

在我看来，这份书单最有价值之处在于涉及人文社科、文学、自然科学、艺术等多领域的经典著作，避免只给孩子推荐某一门类的书籍，让孩子能够对不同领域均能有所涉猎。

之所以要将从一年级到高中三年级都做一罗列，是因为孩子的成长本就是连续的，人为的学段划分并不能阻挡孩子接续的生涯发展。很多时候，我们需要从"大处着眼"，全面了解孩子成长"全链条"的阅读要求，才能让阅读成为系统工程，才能更好地帮助孩子进行阅读成长规划。

但比"大处着眼"更难的，是如何"小处着手"。

谁对儿童的阅读兴趣影响最大？调查结果显示：25.86%的学生认为是自己自发的阅读，19.52%的学生认为是来自同学或者朋友的影响，53.42%的学生则认为家长或者老师对自己的影响最大，仅有1.2%的学生认为偶像或者明星对自己阅读兴趣的影响大。

最好的书房不是图书馆而是客厅，或者说家里的任何一个角落。亲子间的交流才是最好的阅读。

似乎又是一个"我知道，但我做不到"的困局。

儿童文学作家葛欣的做法很有意思："为了引导孩子爱上阅读，我想出许多方法。为了吸引孩子的注意力，看书时，我故意一边看一边呵呵地笑。每当这时，好奇的女儿就会被吸引过来，想看看爸爸在笑什么，看看书上有什么有趣的东西。"

经常有家长向我抱怨孩子缺乏耐心，不断地"换书"，没翻两页又放下去干别的事了。这种现象在校园里也很常见。我曾在图书馆里给三年级的学生上阅读课，除去选书、还书、老师点评的时间，剩下的30分钟里，能够专心看一本书的孩子并不多，多数是随便翻看几下，便又到书架上翻找别的书。经过一个学期的引导，这种现象才有所改观。

我曾经了解过换书特别频繁的孩子，他们有一个共同点，父母平时工作比较忙，在家和孩子阅读时间很少，家长休息的时候更爱玩玩手机之类。这也就难怪孩子耐不下心来读书了。

孩子的阅读习惯会受到家庭和班级阅读气氛的影响，如果家长每天晚上能有一段时间关掉电视电脑，关掉手机打开台灯，安安静静地读一会儿书，我想，孩子慢慢也会受到感染，模仿家长安静阅读的。

你阅读的最主要目的是什么？受访的学生中，有53.41%的学生是为了增加知识、开阔眼界、提高修养，有28.69%的学生是为了学习考试的需要或者家长、老师的要求。

回到文章开头的问题：只随着兴趣漫无目的，可以吗？

我的答案是肯定的。只是享受读书的过程和乐趣，偶尔交流一下自己的想法，不强迫写读后感，不用摘抄好词好句，不问读完后的收获。

读你自己喜欢读的书吧！其实，'读自己喜欢读的书'，是我对孩子们最真诚的忠告。虽然列出了推荐书目，但我不是很愿意做'推荐书'这样的事情。在我看来，阅读完全是一件私人的事情，应当以平等的态度尊重孩子的阅读兴趣。

孩子在阅读上具有自身成长的空间，当他们自由阅读了大量的书籍以后，会自然提升阅读品位。从这点来说，教师和家长不要过于干涉孩子的阅读，而应该和孩子分享各自的私人藏书，可以相互影响，相互尊重，但不可横加干涉。

　　我曾在网上订购了一个精美的"私人藏书章"，价格不高，但盖在每一本读过的书上感觉很不错。儿子看着也喜欢，我便给他也私人订制了一个。当这本书成为"私人藏书"，便多了一份意义和小小的仪式感，让读书更多了几分情趣。

　　教师和家长们需要做的是，带领孩子丰富阅读视野，引导他们接触多样、丰富的书籍世界，在各种题材的书中获得阅读乐趣。

　　我不反对摘抄好词好句，但并不是所有的书都需要精读，摘抄有时会将整体阅读变得"碎片化"，破坏阅读的快感，让孩子丧失阅读的乐趣，影响了孩子在阅读中的感知和理解。

　　对于幼儿园和低年级的孩子，在阅读起步时可能会遇到一些障碍。有的孩子不愿意自己读，喜欢爸爸妈妈读故事听。我们也要正视孩子的阅读能力差异。不愿意读，可能是阅读中存在着一些障碍，比如认字不多或者理解不了等。家长们应该多注意观察并积极帮助孩子解决阅读中的这些障碍，不要让孩子丧失了阅读兴趣。

　　现在市面上有很多绘本，能够做到图文结合，文字不会太多，不会给低龄的孩子带来阅读压力，同时所配的图可以帮助孩子来理解文字。从读图到读文字是个自然过渡的过程，不必着急，相信只要选对了书，采用合适的方式阅读，同样可以逐渐引导孩子们爱上阅读。

建议二十三

亲近古诗文，涵养精神

新教育的创始人朱永新先生曾说："在诗歌的滋养下，我期待新教育的孩子长大成人以后，能够在他们身上看到——政治是有理想的，财富是有汗水的，科学是有人性的，享乐是有道德的。"

多年来，朱永新先生坚持致力于诗教在基础教育层面的薪火传承，构建了"晨诵、午读、暮醒"的儿童诗意生活方式，并致力于儿童诗教理论与实践的研究与发展。

"政治是有理想的，财富是有汗水的，科学是有人性的，享乐是有道德的。"我曾在多个场合提到这个育人的目标，它所体现出的深刻思考与现实意义，常常让我反思与警醒；而运用诗歌教育的方式去实现，则是一个非常值得我们尝试与探索的路径。

我的工作室的导师之一、青岛大学副教授苏静老师，便师从朱永新先生，是诗教的积极倡导者和坚定的践行者。很有幸，有机会与她同行。

和苏静教授的缘分由来已久，我们曾经是青岛师范学校的同窗。大学期间，她是团支书，我是班长，相处很是愉快。毕业后，我们一同分配在市南，她在嘉峪关学校，我在太平路小学。

20多年前，让她"一战成名"的那次优质课比赛，便是我们俩一起代表市南区参加的。当时，当我还在模仿名师大家授课技巧的时候，苏静已经开始自己诗教的实践，并走出了自己的路。

作为初出茅庐的新教师，她做了一件让很多人都望尘莫及的事情：通过不到一年的教学，让一个全校无人敢接手的"麻烦班"脱胎换骨，几十个孩子齐刷刷地爱上古典诗词，成为气质非凡的"诗界神童"。他们不仅能轻松背诵百余首诗词、赏诗论诗侃侃而谈，还能在两三分钟内随意命题挥笔而就一首词整句工的诗作，令人叹为观止。而这个班在毕业时，语文成绩也由过去的全校倒数第一跃居全校榜首。因此，她被评价为"创造了教育奇迹的年轻人"。

熟悉她的人都知道，"诗教"并不是她刻意为之，而是顺其自然。古诗词一直是她的心头所好。从幼年时，做了一辈子初中语文教师的母亲教她背《乐羊子妻》开始，到渐渐成为生活中不可或缺的一部分。古诗词于她，就是生活，就是幸福。

从诗词中，她寻找到了一种表达和传递古典知识以及跨越时空与古人共情的途径，更加拥有了一生躬身自省的准则。

特别让我敬佩的是，她自幼年起，心中就有了一个目标，始终坚定不移。在人生最美好的时光里，始终向着自己的方向，一步一步扎实地走过。始终知道自己擅长什么，勇敢地、真诚地去追求，坦然取得成就。在我眼里，这就是"生涯中的语文"的最好诠释。将自己的爱好与工作完美结合，始终有灵感、始终有激情。这样的人充满魅力与活力，这样的人生无限美好！

我欣赏这样生动的存在，也正在努力提升自己，更加希望自己的孩子、自己的学生也能够享受这样的人生！

那么，就让我们像苏静的母亲那样，在孩子幼年时就给予文化的熏陶，让他们能够有机会拥有一个源头涵养精神，让将来的他们能够听到自己心灵深处的清澈吟唱，始终充满着对工作的热情和生活的希望。

谈到传统文化的传承，现在的孩子难以接受、不喜欢，究其原因之一是读不懂。诗歌那种生动的、美好的、高洁的境界，他们走不进去，找不到那扇通往诗情的门。很多致力于古诗文教学的教师，倾尽毕生心血孜孜以求的，正是把这扇门打开，用一束光照亮中国青年学子精神成长的漫漫长路。

统编本语文教材有一个非常明显的变化，即增加传统文化的篇目。小学一年级开始就有古诗文，整个小学6个年级12册共选优秀古诗文124篇，占所有选篇的30%，比原人教版增加55篇，平均每个年级20篇左右。可见，古诗文在语文教材中所占的比重在增加。

如何增量又增质，充分发挥古诗文的文化传承与育人功能，是语文教师面临的重要课题。

如果古诗文的思维模式和教学方法出了问题，那么学生背得越多只会越加重负担，甚至产生强烈的厌学情绪。如此何来对古诗文产生真正的兴趣，走进诗文的情感与境界更是无从谈起。

就像我前面提到的"讲道理不如讲故事"。同样，与其逼着学生死记硬背，不如和学生聊一聊古诗文背后的故事，最后通达古诗文背后的文化。

如何讲好故事？此处引用苏静教授所著《统编版古诗怎么教》（华东师范大学出版社，2021年版）书中的一个章节。书中每一章节的导语、解读设计、相关古诗链接都是用讲故事的方式展开，且紧紧立足统编本语文教材。这是我看过的最有趣、有料的解读，可以作为亲子共读读物，也可以作为班本、校本教材。

摘录一篇以飨读者。

《咏鹅》——少年天才归何处

咏鹅

（唐）骆宾王

鹅，鹅，鹅，曲项向天歌。

白毛浮绿水，红掌拨清波。

《咏鹅》相传为骆宾王七岁时所作。那么，这个神童诗人经历了怎样传奇跌宕的一生？为何闻一多评价骆宾王"天生一副侠骨"？"曲项向天歌"的画面里，蕴含着怎样不为人知的深意？咏"鹅"中又隐藏了哪些有趣的唐朝"冷知识"？除了骆宾王，古时又有哪些神童诗流传至今？

一、骆宾王的传奇人生

骆宾王，婺州义乌人，字观光，其名字取义于《周易》中的"观国之光，以利宾于王"。他从小就聪慧异常，是闻名遐迩的"神童"。传奇的一生、丰富的经历又使得骆宾王与王勃、杨炯、卢照邻合称为"初唐四杰"。

（一）不适官场，隐居兖州

骆宾王曾在长安出仕，他在朝中处事公正不阿，对溜须拍马之事很是看不惯，因此得罪了不少朝中权贵，几年后便被罢官。当时唐太宗的弟弟李元庆很欣赏骆宾王，便留他在府中做事。但是按照唐制，在亲王府中谋事的官佐任职时间不能超过四年。于是在第三年，李元庆便下了一道手谕，让他"自述所能"，但是曾经的为官经历已经让他感受到了官场的黑暗，骆宾王便放弃了这个人人求之不得的机会，去兖州过起了隐居的日子。

（二）再度出仕，边关从军

西北传来了吐蕃入侵的消息，骆宾王出于爱国和养家糊口的原因，主动请求出征。征得同意后，骆宾王便踏上了进军西北的从军之旅。先是西北荒漠，后是西南边陲，四年的军旅生涯结束，回京按绩考核之时，却只得了个功过相抵的结果。想到自己坎坷的为官生涯以及军旅途中自己的所见所感，骆宾王便作《帝京篇》，此篇一成，轰动朝野，人人传诵，也使得骆宾王的文坛声誉达到了高峰。

（三）大展拳脚，银铛入狱

后来，母亲去世，没有了后顾之忧的骆宾王便在职位上大展手脚，想干一番大事业。他曾多次上书言事，语带讽刺，触动了很多权贵的利益，被诬陷入狱。在狱中即使被严刑拷打，他也丝毫不退缩，写下了千古名作《在狱咏蝉》：

> 西陆蝉声唱，南冠客思深。
>
> 不堪玄鬓影，来对白头吟。
>
> 露重飞难进，风多响易沉。
>
> 无人信高洁，谁为表予心。

诗中，骆宾王借秋蝉来代指自己：我如此秉公执法，却遭人陷害，锒铛入狱。朝廷如此浑浊不堪，在这样的情境下，谁会相信我高洁的品质？谁又能帮我陈述一片忠心呢？骆宾王入狱第二年，唐高宗立英王为太子，大赦天下，他出狱后去临海县做了一个县丞。

（四）讨武兵败，不知所终

公元684年，唐睿宗称帝，武则天临朝听政，朝中维护皇族李氏的大臣纷纷抗议。九月，唐朝英国公徐世勣的孙子徐敬业率先在扬州起兵反叛武则天，随之公开发布的一篇《讨武氏檄文》（又名《为徐敬业讨武曌檄》），一夜之间传诵于全国各地。这篇文章的作者正是骆宾王，此时的骆宾王为徐敬业的幕属。相传，武则天看罢檄文，对骆宾王的文采和风骨极其赞赏，尤其是文中"一抔之土未干，六尺之孤安在"一句，让武则天发出"丞相安得失此人"的感叹。最后一句"试看今日之域中，竟是谁家之天下"更是磅礴浩荡，气贯长虹。徐敬业兵败后，骆宾王便像人间蒸发了一样，世人难觅其踪。

后世对骆宾王的结局众说纷纭，主要有以下几种说法：一是被杀。《旧唐书·骆宾王传》说"敬业败，伏诛"，《资治通鉴》中亦说"王那相斩敬业、敬猷及宾王首来见"。二是逃亡。武则天死后，朝廷派郗云卿整理搜集骆宾王的诗词，郗云卿在收集整理时发现，骆宾王或是兵败逃亡。当时船上大乱，骆宾王趁机跳水，由于此时船靠近山边，自幼生长于浙江的骆宾王游水逃脱也是有可能的。三是灵隐寺为僧。这也是流传最为广泛的一种说法。《唐才子传》记载：诗人宋之问还朝时，途经钱塘，便去游览灵隐寺。月色正当明，宋之问诗兴大发，一联诗句便脱口而出，正当不知如何接下联时，一位僧人与之搭话，说："下一联为何不写作'楼观沧海日，门对浙江潮'？"宋之问不由思路大开，补全诗作。第二天宋之问再去拜访时，却已人去楼空，据传这位老僧便是骆宾王。

二、天生一副侠骨

闻一多在《宫体诗的自赎》里对骆宾王有这样的评价："天生一副侠骨，专喜欢管闲事、打抱不平、杀人报仇、革命、帮痴心女子打负心汉。"那么，骆宾王究竟做了什么，让闻一多先生对他作出如此"另类"的评价呢？

骆宾王"帮痴心女子打负心汉"的侠义之举，史上确有记载。先说"初唐四杰"之一的卢照邻。卢照邻在成都为官之时，曾与一郭姓女子相爱。后来，卢照邻离开成都，但他向郭氏保证定会回来娶她。不料，卢照邻一去不复返，而他们的孩子也夭折了，郭氏很伤心。后来，郭氏遇到卢照邻的好友骆宾王，便将此事告诉了他。骆宾王听完后很是愤怒，便写了一首《艳情代郭氏答卢照邻》，诗中骆宾王强烈批判了卢照邻的绝情，并想当然地认为卢照邻早已在太白山中逍遥快活。而事实上，卢照邻此刻早已恶疾缠身，他是因为不想连累郭氏才断绝了联系，自己隐居太白山。骆宾王这一时兴起之作，还让卢照邻在很长一段时间内，都被扣上了"负心汉"的帽子。

人们崇敬骆宾王，不仅因为他在文学上的贡献是空前绝后的，更因为他是一个刚直豪爽、一身正气的侠义之客，正可谓斯人已逝，风骨长存。

三、《咏鹅》诗里秘密多

（一）七岁神童的即兴之作

《全唐卷》中《咏鹅》一诗的题下注释说"七岁时作"，那么年仅七岁的骆宾王究竟写了一首怎样的诗，竟能让众多史书都为之记下浓墨重彩的一笔？

关于这首诗的创作过程，胡应麟在《补唐书·骆侍御传》中如是记载："宾王生七岁，能诗。尝嬉戏池上，客指鹅群令赋焉。应声曰：'白毛浮绿水，红掌拨清波'。客叹诧，呼神童。"骆宾王七岁那年，有一天，祖父的好友自远方来访，家里人都忙着准备饭食，骆宾王闲来无事便来到池塘边玩耍，池塘中有一群大白鹅，游来游去，很是可爱，骆宾王开心极了，便拿起树枝在地上画起了鹅。这时，家人与来访的客人来湖边寻他，这位客人早就听说骆宾王天资聪颖，于是便指着大白鹅让其作诗一首，骆宾王想了一会儿便出口诵道："鹅，鹅，鹅，曲项向天歌。白毛浮绿水，红掌拨清波。"客人大吃一惊，连声叫好，直呼"神童"。自此，七岁神童骆宾王出口作诗的消息便不胫而走，《咏鹅》一诗也成了口耳相传的佳作。

（二）寥寥数字写活白鹅

全诗共十八个字，将白鹅戏水的画面描写得活灵活现，既有颜色之明艳，又有神态之生动，鹅的体貌特征跃然纸上。

首句"鹅，鹅，鹅"，连用三个"鹅"字，运用反复的方法，表达了诗人对大鹅的喜爱，同时也增强了感情韵律上的效果。古人写作诗词时，为了增强感情效果，经常运用反复的写作手法，如李清照的《如梦令·昨夜雨疏风骤》中"知否，知否？应是绿肥红瘦"，《如梦令·常记溪亭日暮》中"争渡，争渡，惊起一滩鸥鹭"，《声声慢》中"寻寻觅觅，冷冷清清，凄凄惨惨戚戚"，又如秦观《如梦令·春景》中"依旧，依旧，人与绿杨俱瘦"。

第二句"曲项向天歌"，"曲"即是"弯曲"，"项"即为"脖子"，"歌"即是"长鸣"。大白鹅弯曲着脖子，朝着天空唱歌。这一句写出了大白鹅嘎嘎鸣叫的神态，由所见到所听，极富层次感。

诗的三四句"白毛浮绿水，红掌拨清波"写出了大白鹅在水中自由自在游水的情形，雪白的羽毛浮在碧绿的水面上，红红的脚掌拨动，清澈碧绿的湖面上荡起层层涟漪。此处运用了鲜明的色彩描写，雪白的羽毛、碧绿的池水、红红的脚掌、青色的水波，"白"对"绿"，"红掌"对"清（青）波"，构成了句内对仗，而"白"对"红"，"红"对"清（青）"构成了上下对，此两句中的对仗用法，奇妙无比。另外，在这两句中，动词的应用也恰到好处，一个"浮"字，写出了雪白的大鹅在碧绿的水面上随性而卧，突出了静态之美；一个"拨"字，则写出了白鹅摆动着红红的脚掌在清澈的水中划行，展现了动态之美。一静一动，动静结合，将白鹅戏水、自然随性之态描绘得淋漓尽致。

（三）"曲项向天歌"背后的深意

因众多史料都记载骆宾王的《咏鹅》是作于其七岁之时，故而人们多惊艳于其小小年纪便能作此诗篇，实属不易，但其实人们忽略了《咏鹅》作为一首咏物诗的身份。

关于这首诗的解读，人们常常把焦点放到"白毛浮绿水，红掌拨清波"两句上。这两句诚然写得极好，运用鲜明的色彩，白、绿、红、清（青），句内对，上下对，同时，"浮"与"拨"又动静结合。但是这首诗的关键却不在此，而是在于"曲项向天歌"一句。"曲项"一词用优美的线条勾勒出白鹅优雅的形象，"向天歌"则是给了这首诗一种阔大的背景，虽是池中之鹅，却志在辽阔的天空，赋予了白鹅一种不凡的志向。鹅是家禽，原本只会嘎嘎地叫，但是，骆宾王在此处用的却是"歌"字，让不会思考的鹅瞬间有了思想，它向着辽阔的天空引吭高歌，似是在歌唱它远大的志向。正是这样的一群鹅，才使得"白毛浮绿水，红掌拨清波"一句更加生动传神，才能让浮于绿水上的白鹅更加高洁，才使得拨动清水的白鹅更加从容。

《咏鹅》是一首咏物诗，既是咏物诗，那诗中的白鹅又何尝不是骆宾王自己呢？他少年不羁，整体诗作都呈现出心怀天下的志向。"一抔之土未干，六尺之孤安在""试看今日之域中，竟是谁家之天下"，正是这样一个人，让武则天都发出"丞相安得失此人"的惊呼，骆宾王既是神童，那么七岁便能有如此志向又何尝不在情理之中。

（四）唐朝的养鹅之风

《咏鹅》一诗妇孺皆知，那咏"鹅"的背后又蕴藏着怎样的唐朝"冷知识"呢？

在古代，男女婚嫁是人生大事，据《仪礼·士昏礼》记载，婚礼礼节分为六个步骤，分别是纳采、问名、纳吉、纳微、请期和亲迎，其中纳采、请期和亲迎都会用到大雁，大雁成了男女婚嫁中不可或缺之物。雁为何成为人们婚嫁定情的象征呢？《白虎通·嫁娶篇》记载"取飞成行，止成列也，明嫁娶之礼，长幼之有序，不相逾越也"，借大雁飞行时成"一"字或"人"字，寓意尊老爱幼，家庭和睦；《朱子语类》中"婚礼用雁，婿执雁，或谓取其不再偶"，大雁又是对于爱情忠贞不贰的象征。但由于活雁难捉，在婚嫁中以鹅代雁的现象也逐渐出现。唐代就出现了以鹅代雁的最早记录。李涪《刊误》记："夫展礼之夕，婿执雁入奠，执贽之义也。又以雁是随阳之鸟，随夫所适。雁是野物，非时莫能致，故以鹅代之者，亦曰奠雁也。《尔雅》云：'舒雁，鹅。'鹅亦雁之属也。其有重于嗣续，切于成礼者，乃以厚价致之。继而获，则曰：'已有鹅矣，何以雁为？'是以雁为使代鹅为礼。"大雁是野物，难以捕捉，且价格过高，而鹅又叫舒雁，故而自唐朝的婚礼，使用同为雁的科属的鹅代替大雁了。

当然这只是一个方面，而且仅凭这一点也不足以使得唐朝家家养鹅。还有一个更重要的因素，就是在唐朝养鹅可以"发家致富"。鹅与鸡鸭很像，会把沙土吞进胃里来帮助它们消化，因为鹅擅游泳，所以常常会到河边吞淤泥，而淤泥中含细小的金粒，所以唐朝人就经常在鹅拉出的粪便中淘炼黄金从而致富。《岭表录异》中记载："彼中居人，忽有养鹅鸭，常于屎中见麸金片，遂多养，收屎淘之，日得一两或半两，因而致富矣。"所以说唐朝家家养鹅、人人爱鹅也就不足为奇了。

生活在这样的社会风气之下，怎能仅有骆宾王这一首咏鹅的佳作呢？唐朝诗人杜甫的《舟前小鹅儿》，以简单朴素的语言，写出了小鹅们的稚嫩天真，全诗如下：

> 鹅儿黄似酒，对酒爱新鹅。
>
> 引颈嗔船逼，无行乱眼多。
>
> 翅开遭宿雨，力小困沧波。
>
> 客散层城暮，狐狸奈若何。

李郢《鹅儿》中"无事群鸣遮水际，争来引颈逼人前"一句也写出了鹅儿们水中闲游、与人逗乐的场面。果然唐朝人爱鹅也是爱到骨子里了。

四、古时神童与神作

自古以来，神童都是凤毛麟角。在中国历史上，提到神童诗人，除大名鼎鼎的骆宾王外，还有几位也值得一提。

黄庭坚是北宋的著名诗人、词人，在书法方面也颇有建树，与苏轼、米芾、蔡襄并称书法的"宋四家"。据记载，黄庭坚在七岁时便作《牧童诗》一诗：

> 骑牛远远过前村，短笛横吹隔陇闻。
>
> 多少长安名利客，机关用尽不如君。

在诗中，小小年纪的黄庭坚描写了追名逐利、机关算尽的"长安名利客"，费尽心思，到头来却还不如那村头骑牛的牧童来得自在。一褒一贬之中，写出了牧童自然飘逸、不与世俗同流合污的高洁之态。黄庭坚一生所留下的诗词不多，其中以《清平乐·春归何处》一词最为著名，全词如下：

春归何处？寂寞无行路。若有人知春去处，唤取归来同住。

春无踪迹谁知，除非问取黄鹂，百啭无人能解，因风飞过蔷薇。

宋朝大宰相寇准也是一个神童，《咏华山》便是他七岁时所作的一首诗。据记载，寇准七岁时，有一次其父宴请宾客，酒劲酣畅之时，一位客人让小寇准以华山为题作诗一首。只见小寇准踱步思索，到第三步时，便写出了《咏华山》一诗，较之曹植七步成诗也是更胜一筹。小寇准把之前爬华山的所见所感都倾注笔端，将华山的高峻以及雄伟不凡的气质描写得淋漓尽致。全诗如下：

> 只有天在上，更无山与齐。
>
> 举头红日近，回首白云低。

此外，唐朝一个七岁女孩仅凭借一首《送兄》，便赢得了神童的称号。对于这首诗，除了在《全唐诗》中有所记载，在别的史料中均不见其踪影。《全唐诗》中对于这位小作者的介绍是"如意中女子""武后召见，令赋送兄诗，应声而就"。虽对于这首诗的作者知之甚少，但是，这首诗也流传了下来。全诗通过一个女童之口将兄长即将离家时的情景描写得淋漓尽致，以质朴的语言描绘出了兄妹之间浓浓的情谊。全诗如下：

> 别路云初起，离亭叶正稀。
>
> 所嗟人异雁，不作一行归。

附：

古诗文小初衔接"三读进阶"教学法

古诗文是中华民族传承下来的文化瑰宝。它结构严谨、用词简洁、思想深邃、影响深远，并萌发了现代文学。[1] 在义务教育学段，古诗文承载着弘扬与发展中华优秀传统文化的重要作用。

本教学法研究中的"古诗文"包括诗歌和文言文。

伴随着统编版语文教材中古诗文容量的大幅提升，我们欣喜地感受到未来语文对传统经典的致敬与传承，同时也对传统古诗文教学方法表示极度担忧。中国自古以来就是诗的国度，每个孩子都是天生的诗人。为什么孩子从小就背古诗、古文，成人后却很少对古诗文产生真正的兴趣？原因很简单，很多学生的脑海里所留存的，依然是小学到高中为考试背诵的古诗知识要点，并没有从真正意义上了解诗人，更遑论走进古诗文的情感与境界。

古诗文教学中，存在"教师难教""学生难学"的"两难"困境。这与古诗文自身的历史性有关，与小学、初中心智尚不成熟的学生有关，更与当前课时和应试压力下教师把古诗文教学简化为疏通文字和课文背诵的机械固化的教学模式有关。[2]

2004年，在执教市南区研究课《古诗两首》时，我便开始思考如何才能教好古诗文。2007年，取得的阶段成果《自悟学法，徜徉古文》发表在《山东教育》，初步提炼出优化古诗文教学的有效策略。2007—2019年，我带领团队教师先后在中国知网、教学报纸杂志上以"促进学生自主学习策略""古诗文教学"为关键词检索、阅读相关论文700余篇。通过综述文献，给予了本教学法研究很多可借鉴的经验。我们也发现，聚焦古诗文教学的策略和模式很多，但是能够解决核心问题的策略较少。我们确立了古诗文教学策略研究这一研究课题，并坚持长期的实践研究。

自2012年，我们邀请诗教名师、"儿童诗意课程"项目主持人、青岛大学教育学院副教授苏静老师加入古诗文教学法研究团队，让我们的研究视野更加广阔、过程更加规范，并着手进行课程资源的研发。2013年、2021年，作为教学法拓展资源的《中华儿童诗意课》《统编版古诗怎么教》相继由中华书局、华东师范大学出版社出版发行。

2021年，获评组建"青岛市纪海燕名师工作室"，我随后来到了市南区唯一的公办九年一贯制学校青岛市市南区琴岛学校。自此，初中语文教师也加入研究团队，得以将研究的视野延展到义务教育的全学段。

历经近18年的接续研究，现梳理提炼出古诗文小初衔接"三读进阶"教学法，希望能够为破解古诗文教学难题提供一些可借鉴的经验。

一、教学法的定义

古诗文小初衔接"三读进阶"教学法：指在小学和初中的语文教学中，将古诗文教学作为一个有机的整体，从学生立场出发，依据古诗文的学习方法，通过"自主预读，通文见意—合作研读，深究文意—拓展趣读，厚植情意"三读进阶，以读贯穿、把握意境、言文融合，帮助学生有层次地感知和理解古诗文的意象，促使学生自主建构，实现知识结构层层深入，古诗文鉴赏能力逐步提高的教学方法。

二、理论基础

1. 建构主义认为，知识不是通过教师传授得到的，而是学习者在一定的情境即社会文化背景下，借助其他人（包括教师和学习伙伴）的帮助，利用必要的学习资料，通过意义建构的方式而获得；既强调学习者的认知主体作用，又不忽视教师的指导作用，教师是意义建构的帮助者、促进者，而不是知识的传授者与灌输者。

2. 陶行知先生在《教学合一》一文中曾指出："如果让教的法子自然根据学的法子，那是先生就费力少而成功多，学生一方面也就能够乐学了。所以怎样学就须怎样教；学得多教得多，学得少教得少，学得快教得快，学得慢教得也慢。"没有对学生的充分研究，也就不可能对教学方法做出正确的选择。本研究从"古人学习古诗文的方法""学生学习古诗文的方法"作为研究的起点，以"学法"确定"教法"。

3. 教育系统论。奥地利生物学家贝塔朗菲的系统论提出系统整体大于各孤立部分的总和。如果把义务教育阶段看成一个整体的事物，小学和初中是它所包含的部分，不能割裂开进行简单的相加，而是用系统整体的目光使学段间加强衔接，互相渗透。因此，古诗文阅读教学小初衔接，就要求教师把义务教育阶段的语文课程看为一个整体，重视学段间的内在联系，有一个螺旋上升和递进的过程。

4. 意义学习。奥苏伯尔根据所学材料和学习者原有认知结构之间的关系，将学习分为机械学习和意义学习。学习者已有的认知结构中要存在一定旧知识可以同化新的知识，要能够主动建立起新知识与旧知识之间的联系。小学阶段夯实基础，帮助学生建立可以同化初中新知识的古诗文学习的认知结构，可以减少学段间脱节和面对新知识难以吸收的问题。

三、结构组成

（一）教学目标

1. 体会经典文化的独特魅力，感受诗意人生的壮阔和优美，培养学生对诗文作品的浓厚兴趣，提升学生语文学习的兴趣和自信心。

2. 赋予学生古诗文学习的权力和责任，让学习者成为其学习活动的真正主体和主人，养成自主阅读的良好习惯。

3. 帮助学生有层次地感知理解古诗文的意象，提高学以致用的能力，汲取传统文化的精华，提升国学造诣。

（二）教学思想

1. "学"为中心，"教法"要遵循"学法"

我们认为，教法要与学法一致。从学生立场出发，古诗文教法要遵循学法，可以参考古人古诗文的一般学习方法，如诵读法贯穿始终，理解过程强调猜读，疑问处借助资料等。古诗文教学的核心是把握意境，究其教学路径，大致可以分为"三读"，每一"读"都要落实，层层进阶，不断升华，帮助学生有层次地感知理解古诗文的意象，提高学以致用的能力，汲取传统文化的精华，提升国学造诣。

古人是怎样学习古诗文的呢？首先，传统的古诗文是不加标点的，要读书，学习者首先要识字断句。因此，古人把"习六书，明句读"作为"小学"，掌握了句读规律，才能够真正读懂。因此，断句前先要读几遍原文，力求对原文内容有个大致的了解，凭预感将能断开的先断开，逐步缩小范围，然后再集中分析难断的句子。

其次，古人学习特别重视诵读，强调要读出情思，读出韵味，读出美感，读出共鸣。朱熹在《朱子童蒙须知》中说："凡读书……须要读得字字响亮，不可误一字，不可少一字，不可多一字，不可倒一字，不可牵强暗记，只要是多诵数遍，自然上口，久远不忘。"通过熟读，不仅容易形成语感，而且有助于记忆理解。对于第一到第四学段的学生，皆是如此。

再次，读而思。所谓"读而未晓则思，思而未晓则读"。在熟读的基础上精思，方能有所感悟。古人为了帮助自己思考，常常会"圈点""评注"，连读带猜，句子的具体意义多数情况下是根据语境推知的，同时还带来新鲜感和发现的乐趣。语言带挈思维，思维关照语言，提高学习的效率和深度。此外，古人也借助资料，反复"思而不得"，就会借助权威注释（古注包括传、笺、章句、集解、疏）。[3]

我们倡导的"三读进阶"教学模式，就是要借鉴和遵循古诗文学习的过程和方法，将小学、初中贯通起来，分层实施、螺旋上升，提高古诗文"读"的效率，体现小初的融合性与发展性。

2.多途径突破小学、初中课程与教学的壁垒

我们将小学和初中的所有古诗文进行了梳理和对比，全面了解小学与初中古诗文篇目特点、学习要求等方面的异同。以文言文为例，纵观现行小初语文教材，统编本小学语文教材一共选取了12篇文言文，而统编本初中语文教材一共选取了39篇文言文，远高于小学的文言文篇数。从文言文选文的篇幅来看，初中文言文篇幅明显高于小学文言文的篇幅，小学仅有一篇文言文篇幅长达百余字，但是初中文言文的篇幅从一百字左右到六百字左右不等，学习难度明显增加；从选文的朝代来看，初中选文涉及朝代远多于小学，基本涉及各个朝代，在小学文言文中，诸子百家作品数量较多；从文体来看，

初中涉及的文体远丰富于小学文言文，有诸子散文中的语录体、论说体、寓言体，还有史传散文、叙事散文、亭台记、小品文、笔记小说及铭、表、序、书等古代应用文文体，而小学文言文文体以寓言体、人物传记、成语和神话故事为主。由此可见，小学与初中的古诗文在内容、数量、篇幅、文体等方面都存在较大差异，致使小学和初中的学习跨度过大。

　　小学、初中跨学段，教师往往都在各自封闭的教研系统中，很少主动进行联系和沟通，因不了解而造成一些教学的盲区。为了突破教学的壁垒，我们充分发挥九年一贯制的学制优势，建立了"双向衔接交流机制"。如图1：

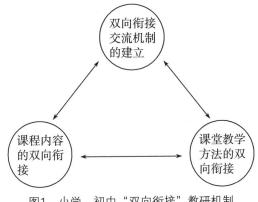

图1　小学、初中"双向衔接"教研机制

　　一方面，建立涵盖小学、初中的语文大教研组，采取定期大教研的方式，选择合适的篇目，通过具体课例探寻衔接教学的具体路径。如，六年级、七年级的老师同教《吕氏春秋》中的不同篇目，《伯牙鼓琴》和《穿井得一人》，结合两节具体的课例探析有效的文言文衔接策略。小初教师共同研讨，挖掘两课中的衔接点。根据学情研讨、制定教学目标，选取适合的学习内容与教学方式，设计落实教学目标的课堂环节或课堂活动，以小见大，以点窥面。

　　另一方面，研发《中华儿童诗意课》校本课程，在四至八年级具体实施。采用风格独运的诗教方法，将古代文学史精华、经典文化、诗词名作和诗文创作融为一体，通过讲述、吟诵、创作、游戏、竞赛等多种教学形式展开。通过一个阶段的学习，让学生了解文学典故、积累大量经典古诗文和文学知识要点，了解文学典故，还可以掌握基本的诗词创作技法，体验做小诗人的乐趣。

（三）教学程序

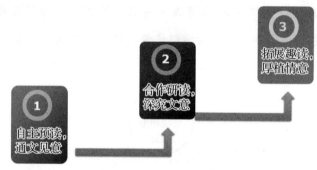

图2　"三读进阶"教学程序图

第一步：自主预读，通文见意

古诗文与其他文体不同，特别需要在"读通"上下功夫。要从读正确字词、读通顺句子、读流畅全文着手，引导学生"读熟"课文。预习中还要有"搜集资料"和"猜读质疑"的过程。特别要珍视学生的预习成果，通过课堂上的交流反馈，鼓励学生能够初步识字断句，初步对整篇文章的文意有所了解。

【教学策略】

（一）不求甚解，只求读熟

古诗文的遣词造句、文风文理有其语言环境和时代特征，即使是学贯古今的国学大师想全面理解精准把握也非易事。因此，初读之时，主要从读正确字词、读通顺句子、读流畅全文着手，引导学生"读熟"课文。

（1）读正确字词。要求学生至少试读（课前预习）3次，关注易读错字的读音，及时纠正。同时借助注释、课文插图理解字义、读准字音。

（2）读通顺句子。教师领读或播放朗读音频，示范的过程就是停顿分解句意的过程，有利于学生理解文意；可以要求学生画停顿辅助线，训练学生断句的能力。

（3）读流畅全文。利用停顿辅助线，引导学生读通全文，特别注意读好诗文中与平时习惯表达不一致的句子或长句子。然后指名读、齐读。此时可以采取分组教学，设置"评价组"，找出阅读不准确的地方，以自己认为准确的方式重新诵读。

（二）搜集资料，打开视野

对于古诗文的阅读理解，必然要回到作者所处的时空中去。如：三年级上册的《饮湖上初晴后雨》，了解诗人苏轼曾经两次在杭州任职，任职期间带领当地人民疏导了西湖，并筑堤防洪的经历，才会对"浓妆艳抹总相宜"之情有更深的理解。在预习中鼓励学生搜集相关的历史背景、作者生平。初中学生还可以搜集同类题材作品以及先贤解读等资料，打开视野，增进认知。

（三）猜读质疑，尝试理解

好奇心是强大的驱动力。在预习中鼓励学生自主阅读，大胆猜测词句的意思，提升学生的主动性，增强学生的获得感。从皮亚杰的认知理论来分析，人们总是对自己亲自探索出来的"真相"倍感兴趣，记忆也特别深刻。因此，给学生自主探索的机会，鼓励对古诗文的内容情感进行大胆的猜想，然后再指导往准确的方向靠拢。最后，让学生用圈点批注的方式把不懂的、拿不准的地方做出标注。

第二步：合作研读，深究文意

鼓励学生合作解决问题，积极思考并提出新问题。通过从学生的问题中生成真正值得研讨、能够突破教学重难点的"关键问题"。引领学生在"关键问题"解决中深入研读，在合作中巩固运用，切实提供学习空间和问题思考环境。

【教学策略】

（一）小组讨论，尝试解决

四人小组讨论，尝试先解决一部分问题。小组长记录下在讨论过程中还未能解决的问题，也可以提出新的问题，以便在全班集体讨论。

（二）关键问题，推敲研讨

串问串讲，看似面面俱到，实则蜻蜓点水、面面不到。教师一方面要预设1~2个"主问题"，另一方面也要善于倾听小组讨论后提出的问题，从学生的问题中生成真正值得研讨并能够突破教学重难点的关键问题。如：七年级上册《穿井得一人》，课堂上小组的问题多是围绕文中的三句人物语言，所以教师设置了这样的主问题："这三句话是同一个人说的吗？说话的语气一样吗？"由于是源于孩子的问题，在全班集体讨论时学生参与的积极性很高。在解决这个问题的过程中，将"词类活用""倒装句"等特殊的文言现象渗透其中，分析"言"是为理解"文"服务，真正做到了"言文融合"。再如：三年级上册的《司马光》一课，其中有很多能够推动故事情节发展的关键词，小组讨论后提出了多处疑问。老师梳理了学生的问题，然后在黑板上画了一个大大的"瓮"。老师让学生把关键词写到纸上，然后集体讨论该贴到"瓮"的哪些相应位置，贴好后在老师的点拨下梳理出一幅简笔画。整个过程，学生一直在反复读文，从文章中找线索，借助关键词理解了故事情节的发展。

（三）组内互测，巩固运用

对于初中生来说，课堂的及时练习巩固显得特别重要。可以小组内学生自拟题目互测（5~10分钟）。如：每学完一篇古诗文，解释10个生字词，以课文下面注解的重点字词为主；翻译2~3句文中的重点句子，理解1～2道对文意的选择题。由学生课前出好题目（另外一个本子写好对应的答案），上课小组内进行互换，做完后交换评改打分。最后，教师对于出题认真、成绩进步的小组进行表扬。[4]

第三步：拓展趣读，厚植情意

在理解诗文的基础上，开展故事会、课本剧表演、分角色朗读、人物观点辩论等活动，还原古诗文的情境，让学生在体验中不知不觉反复读文、加深理解，不仅读懂作者的情感用意，还读出自己的个性化理解和审美意趣。最后，或是推荐拓展阅读，或是开展"诗意课程"尝试诗词创作，让学生在更多文质兼美的古诗文中受到熏陶感染，把课堂上学过的古诗文中的词语或句子运用到阅读实践中，并在运用中得到巩固。

【教学策略】

（一）故事还原，增强感悟

部编本很多古诗文是在讲一个故事，或是背后蕴含着的故事。在教学中，教师可以结合现有的教学素材，为学生设计或是鼓励学生自主合作设计白话文译文，将故事进行还原。利用古诗文故事中的大量人物素材，通过品析了解人物独特的个性，通过课本剧、分角色朗读等方式进行故事还原，激发学生的学习热情，增进对诗文的理解，也让学生的思维得到发展。

（二）拓展阅读，诗外有"料"

教师精选阅读材料，鼓励学生进行拓展阅读。我们将统编版小学语文教材中的26首古诗进行了解读，将古诗鉴赏与课堂教学相结合，编撰出版了《统编版古诗怎么教》一书。围绕古诗本身的经典意象、关键字词的引申情感以及独特的文化内涵等进行深度鉴赏和剖析。同时，围绕故事鲜为人知的创作背景、作者非同寻常的人生经历等进行了完整而全面的解读，让每一首诗都丰满立体地呈现出来，为学生提供了内涵丰富又充满趣味的阅读资源。

（三）课程补充，体验创作

研发《中华儿童诗意课》校本课程，在四至八年级具体实施。采用风格独运的诗教方法，将古代文学史精华、经典文化、诗词名作和诗文创作融为一体，通过讲述、吟诵、创作、游戏、竞赛等多种教学形式展开。通过分阶段的学习，让学生了解文学典故、积累大量经典古诗文和文学知识要点，了解文学典故，还可以掌握基本的诗词创作技法，体验做小诗人的乐趣。

四、教学模式的作用和意义

1. 通过将小学和初中的所有古诗文进行梳理和对比，我们全面了解小学与初中古诗文篇目特点、学习要求等方面的异同。小学与初中的古诗文在内容、数量、篇幅、文体等方面都存在较大差异，致使小学和初中的学习跨度过大。通过"三读进阶"教学法在小学、初中的贯通应用，老师们转变观念，努力赋予学生古诗文学习的权力和责任。能够引导学生体会经典文化的独特魅力，感受诗意人生的壮阔和优美，培养学生对诗文作品的浓厚兴趣。小学、初中接续培养，螺旋上升，不断提升了学生古诗文学习的兴趣和自信心。

2. 通过本教学法的研究与实践，研究团队教师对"学为中心"有了更加深刻的认识，并在每日的常态语文教学中得以贯彻。常态化融合教研机制的建立，让小学、初中教师打破了学段壁垒，形成了学习与研究的共同体。研究团队中，多位教师次执教市、区级公开课，并发表相关论文；相关课题顺利立项；《中华儿童诗意课》《统编本古诗怎么教》两本专著分别由中华书局、华东师范大学出版社出版发行。

3. 依托"青岛市纪海燕名师工作室"，本教学法现已在市南、市北、李沧、城阳、胶州、黄岛区的8所学校推广实施。经阶段调研反馈，在一定程度上改变了原有古诗文教学偏重疏通文字和课文背诵的机械固化的教学模式。适度的自主、合作学习虽然用时较多，但学生思维更加活跃、视野更加开阔、体验更加丰富。课堂检测巩固形式的丰富、趣味的拓展阅读，也都让学生喜闻乐见，乐于主动参与，古诗文的学习效率得到有效提高。

五、典型案例

案例1：语文三年级上册《司马光》

一、自主预读，通文见意

1. 方法迁移，自主预习

本篇是学生学习的第一篇文言文，课前指导学生采用古诗预习的方法，借助"预习任务单"进行预习。"任务单"包括把文章读通顺，借助插图猜一猜故事的意思，读一读课文注解，尝试搜集与故事主人公司马光有关的资料。同时，鼓励学生把预习后仍然不理解的地方用"？"标注出来，课上提出与同学们讨论。

2. 走进故事，尝试理解

（1）导入新课：交流课前搜集到的"复姓"，由"司马"这个复姓引出故事的主人公"司马光"。

（2）交流预习：学生交流预习的收获。只要学生能表达出自己的收获，老师就充分肯定鼓励，激发学习文言文的兴趣和信心。

（3）出示带有节奏线的古文，教师范读，学生自读，读通句子。

（4）生练读后，指名读，设置"评价组"，找出阅读不准确的地方，以自己认为准确的方式重新诵读，把文章读熟练。

二、合作研读，深究文意

1. 在反复朗读的基础上，小组内交流讨论，小组长汇报有疑问的地方。

2. 梳理学生的问题，发现问题大多围绕小古文的故事情节，随后师设置"在文中圈画出能推动故事情节发展的关键词"这一任务，并在黑板上画出一个大大的"瓮"。

3. 小组合学，找出关键词，写在词卡上，讨论该贴到"瓮"的哪些相应位置。小组选出代表，上台贴词卡，梳理出"简笔画"情节图。

4. 小组讨论、班级交流：你认为司马光救人的办法好吗？通过讨论分析，感受司马光的聪明机智与沉着冷静。

三、拓展趣读，厚植情意

开展"班级故事会"。借助情节图、结合文章内容，讲一讲"司马光砸缸"这个小故事。自主准备后小组内展示，每组推荐1名学生班级交流，评选"班级故事大王"。

布置作业：

制作"历史人物卡"。结合课前预习对司马光的了解，扣住文章内容，评价一下司马光。小组内交流，推荐优秀"任务卡"在班级黑板报展示。

案例2：语文七年级上册《穿井得一人》

一、自主预读，通文见意

1. 课前预习：借助学习任务单展开预习。通过多遍朗读，查阅相关资料，关注课文注解、思考题等了解文章大意，思考质疑。

2. 课上初读：通过自由朗读、开火车读、去掉句读读等形式，达到"读准字音，把握停顿"的要求。

二、合作研读，深究文意

1. 小组合作探究，疏通文义，记录未能解决的问题。

2. 以文中三句人物语言描写为抓手，学生读文章体会人物说话的心理，解决重点文言知识，读懂故事。

3. 学生互换题目进行巩固练习，教师对表现优异的小组进行表扬。

三、拓展趣读，厚植情意

1. 小组合作，在理解内容的基础上进行课本剧表演。

2. 为寓言补写一两句寓意。

布置作业：

拓展阅读《中华儿童诗意课》中《子非鱼》一篇，完成"诗意实践"。

参考文献

［1］李建平.以人为本教文育人：特级教师于漪谈语文教学改革［N］.中国教育报.2000-08-22（4）.

［2］张文妍，杨书评.初中文言文趣味教学初探［J］.赤峰学院.汉文哲学社会科学版.2022，43（08）：110-113.

［3］胡根林.文言文教学:教法要与学法一致［J］.中学语文教学，2017（08）：24-31.

［4］邓耀光.多彩课堂的实施让师生体验成功的快乐：初中文言文阅读教学中实行小组合作的教学尝试［J］.教育教学论坛，2016（23）：267-268.

建议二十四

让孩子懂得了解自己

如何了解自己，似乎不是个问题，但我们真的了解自己吗？

曾经听一位从哈尔滨工业大学辞职的老师讲自己的故事。她是一个典型的文科脑子。高考时，因为父母的坚持选择了会计专业。面对枯燥的数字工作她毫无兴趣、努力摆脱，最终选择了从待遇优厚的高校辞职，做了一名生涯规划师。因为这样的经历，她对孩子是否能够正确地"自我认知"特别关注。

很多家长认为，孩子还小，不了解自己喜欢什么、需要什么，等到长大了很多事自然就明白了，像职业规划之类的，等孩子高中毕业的时候再考虑也不晚。

但是，到那时再着手，很多孩子却已经无从下手了；因为没有做好准备，让人生的重大选择出现了偏差，未来的人生便有可能走很多的弯路。

在这里，我想用一些理论来说明。

首先，人和职业能够匹配吗？

美国职业指导专家帕森斯1908年在波士顿创办职业指导局，1909年出版了《选择职业》。他提出的特质因素理论是最早的生涯规划理论之一，也被称作"人职匹配"理论。帕森斯认为，根据每个人人格特质和能力的不同都有与之相匹配的职业，而生涯选择的最终目的就是实现"人–职"两者的最佳匹配。此外，帕森斯还提出三个"职业辅导原则"：认识自我、了解职业、人职匹配。

美国约翰·霍普金斯大学心理学教授霍兰德在1959年提出职业兴趣理论。他将人格类型分为六个领域（现实型、研究型、艺术型、社会型、企业型和常规型），每种人格类型都有与之匹配的职业，匹配度越高越容易取得更高的职业成就。

其次，对自我的认知需要从小就着手吗？

美国心理学家舒伯提出，生涯是一个人一生所经历的一系列职业与角色的总称，即个人终身发展的历程。只有在对自己的兴趣、爱好、能力、特点和客观环境进行综合分析与权衡的基础上，面对各种抉择情境学会界定问题，通过恰当的规划为自己确立职业方向和目标，确定教育和发展规划，制定行动策略，才能实现个体的全面最优发展。

婴儿从出生开始就拥有自我意识（不同于无我），随着婴儿的成熟，自我知觉变得更加复杂，发展成一种自我概念系统。

个体自我概念是不断变化发展的，并通过生活经验的积累而发生某种改变，自我概念开始于自我分化。例如，在青少年时期，自我与他人的差异逐渐扩大，通过各种学习，个体开始意识到自己的高矮胖瘦、能力高低以及性格差异等特征。反过来，他们的个人特质、能力、爱好等也会反映到职业选择上。例如，有运动天赋的学生和有音乐天赋的学生做出的选择定会有所不同。个体对自我的认识必将影响之后的选择和决策。

舒伯根据人的年龄特点将一生发展分为五个阶段，分别是成长阶段、探索阶段、建立阶段、维持阶段、衰退阶段。

小学生主要处于成长阶段。舒伯又将这一阶段分为三个成长期。幻想期（10岁之前）：儿童从外部世界认识到许多职业，对于自己感兴趣的职业充满幻想并尝试模仿。兴趣期（11—12 岁）：根据自己的兴趣，理解和评价职业，树立自己的职业理想。能力期（13—14 岁）：开始考虑自身具备的条件是否与感兴趣的职业相符，思考自己的差距，并有意识地进行相应的职业能力培养。

中国现代教育家陶行知先生深受杜威教育思想的影响，根据我国的国情，将杜威的教育主张再创造，明确提出："生活即教育"、"社会即学校"和"教学做合一"的教育观点。陶行知先生提倡加强教育与生活、社会的广泛联系，并主张将教育与实践紧密结合，给教育手段和教育方法的革新注入动力；要加强学习与社会生活的联系，关注学生的经验，重视学生的实践体验，打通教育、生活和社会三者的藩篱，树立动态开放的大教育观。

综上，实现学生对自我的正确认知，是教育的使命。

2019年青岛市出台的《中小学生涯教育的指导意见（试行）》中指出，中小学生涯教育的主要内容包括自我认知、社会理解、生涯规划三个方面。

自我认知。指导学生探索了解自身的兴趣爱好、能力特长和个性特征，发展积极的自我概念和生涯规划意识，提升自我调控、人际交往和社会适应能力，并在不断成长中形成健全的人格，树立正确的人生理想和价值信念。

社会理解。指导学生增强社会意识、社会理解和社会责任感，认识个人与社会、学业与发展、当下与未来的关系，了解社会角色、社会分工的发展动态及不同职业的专业素养要求，形成对社会各行各业的尊重与理解。

生涯规划。指导学生在充分的自我认识和社会理解的基础上，掌握学业规划与职业规划的主要方法，综合各类信息，平衡个人发展和社会发展的需求，制定适合自己的学业发展目标和计划，初步设计合理的职业和人生发展路径，并能够根据个性成长变化与客观现实适当调整与适应。

小学阶段就要开始指导孩子探索和发展自身的兴趣爱好、能力特长和个性特征，接纳自己，建立自信；指导学生理解和适应规则，学习管理自己的学习和生活，与他人建立良好的沟通和合作关系；指导学生了解常见的行业分工及内容，明确职业多样性和必要性，形成积极向上的劳动观；指导学生积极参与家庭、班级和社区事务，承担力所能及的任务，获得对社会和生活的真切感受和理解，感知健康正向的职业道德规范。

小学侧重生涯启蒙。主要通过观察、模仿、游戏体验等活动，引导学生发现自身的兴趣爱好，初步建立自我认知，从常识层面了解社会常见职业及需求，提高自我管理和人际交往的能力，建立对未来的好奇与向往，树立正向的生涯信念。

初中侧重生涯探索。主要通过课程与活动实施，以综合实践活动及地方课程为载体，结合班会课、高中学校校园开放日、职业体验、社团活动等活动，促进学生拓展自我认识，基于对职业角色的体验与认知进行探索尝试，初步形成参与社会活动的意识，培养积极的生涯态度，面对普职分流，做好升学与专业选择规划。

普通高中侧重生涯规划。主要通过课程与活动实施，以志愿服务（公益劳动）、社会课堂、研究性学习、社团活动等学习实践活动为载体，深化学生的自我认知，激发学生的学习潜能，提升学业选择的信心和能力，增强学生参与实践和适应社会的意识与能力，提高学生的生涯决策和管理能力，为终身发展奠基基础。

中等职业教育侧重职业规划。主要通过课程与活动实施，以志愿服务（公益劳动）、社会课堂、社团活动、创业创客、实习实践等活动为载体。培养学生规划管理学业、职业生涯的意识和能力，提升学生的学习能力、社会参与及适应能力，培育学生的工匠精神和质量意识，为融入社会、就业创业和职业生涯可持续发展做好准备。

其中，"自我认知"在不同的年龄阶段反复被提及。小学阶段"发现自身的兴趣爱好，初步建立自我认知"，初中阶段"拓展自我认识"，到了高中则是"深化自我认知"……可以说，正确的自我认知是重要的前提和基础。

我认为，自我认知、社会理解、生涯规划三方面中，实施难度最大的当属"自我认知"。

自我认知，即自己对自己的认识。这个自我认识，既包括对自己的生理状况（如身高、体重、体态等）和心理特征（如兴趣、能力、气质、性格等）的认识，更包括对自己与他人的关系（如自己与周围人们相处的关系，自己在集体中的位置与作用等）的认识。

自我是一个复杂的人格系统，是人类生命体不断发展的重要部分，它不是与生俱来的东西，而是在社会经验过程和社会活动过程中出现的。自我的认知需要在对他人、对自己以及他人对自己的体验中发现。

俗话说："人贵有自知之明。"能否正确认识自己是非常重要的。因为怎样认识自己，就会怎样要求自己，就会按照自己认定的角色去生活和发展。要想正确认识自己并不容易，因为每个人的身心特点都会随着年龄阅历的增长而千变万化，要想准确把握，必须经过长期的实践过程和思考分析。

而小学生对自己的认识就更不容易了。初入学的学生，总是用他人的评价来代替自己的认识，当这些评价是错误或片面的时候就会误导孩子，使孩子出现错误的自我认识。所以，对学生来说，来自老师、同学和家长的评价很重要，能帮助自己尽早认清特点并建立完整正确的自我概念。

让孩子了解自己的办法有很多。

比如，让学生描述"我的志向""我的兴趣爱好""我是怎样的一个人"，将平时令自己高兴、引以为荣的事情通过写日记的方式记录下来，逐渐了解自己的长处与优点，进而能够接纳自我。

讲述自己经历过的印象深刻的故事，引导学生回忆当时的感受，并反思这一事件与自己成长的关联。

帮助学生分析自己认为感兴趣的活动是否能够达到忘我状态，回顾完成后是否很有成就感。

还可以通过设计"思维导图"，学会从不同的方面进行自我评价。

总之，对于他人的评价要引导学生客观地去看待，不能盲目相信或质疑，而是要认真地进行辨析、甄别，渐渐地形成基于事实的客观判断。

建议二十五

订一个适合的小目标

　　每到新学期，老师或家长会让孩子们制订一个新学期计划。这份计划往往会被挂在班级的黑板报上，以示重视和激励。

　　那么，你仔细读过孩子的新学期打算吗？

　　我们来看两个八年级学生的新学期计划。

　　学生A：

　　来自"浠来"的劝告（可能是动画人物，配了一个可爱的头像）

　　1. 期中考试进前15名

　　2. 每天按时完成作业

　　3. 少碰电子产品

　　4. 少阅读与学习无关的书籍

　　5. 少熬夜

　　6. 按时起，按时睡

　　7. 每周锻炼3～4次

　　一定要变强呀！

　　学生B：

　　今天的我已经成为一名八年级的学生了。也许在这期间，我们会很叛递，但我希望能控制住自己，做一个不给父母添乱的孩子。

八年级，我要好好学习生物、地理。有空间来选择自己想去的学校，有更好的发展！

1. 希望新学期的我能够在学习上更上一层楼！

2. 能够交更多的朋友，能够更好地处理同学、朋友之间的关系。

3. 做一个性格开朗点的人，不胆小，见到生人不害羞，不再内向。

小A和小B，学习成绩在班级里同属中游偏上。成绩相似的背后，有很多不同。通过分析两份计划，可以有很多的发现。

首先，两个孩子正面临着不同的困难。

小A的计划中有5条与时间有关联："每天按时完成作业""少碰电子产品""少阅读与学习无关的书籍""少熬夜""按时起，按时睡"。显然，他认为自己的时间管理出了问题。

小B的计划则主要围绕人际关系："做一个不给父母添乱的孩子""能够交更多的朋友，能够更好地处理同学、朋友之间的关系""做一个性格开朗点的人，不胆小，见到生人不害羞，不再内向"。显然，他认为自己在与人相处上有些问题。

要提升发展，两个孩子的着眼点完全不同。

换一个角度，两个孩子的困惑在老师眼中是什么样的？

我和班主任进行了交流，结果很有意思。小A在老师的心目中是个很会管理时间的孩子，作业完成很及时，上课也从没有打盹现象。在老师心目中，他不存在时间管理的问题。小B也相似，班主任老师认为她平和有礼，与老师同学的相处不成问题。父母也从没提过孩子存在青春期的逆反现象。

这个结果让我不禁思考——到底谁才是最了解孩子的？答案显而易见，应该没有人比孩子自己更了解自己。

由此，我不禁反思一些习以为常的教育行为。

首先是家校沟通。

找家长谈孩子的学习问题是教师的常态。教师会叙述孩子的表现，找出自认为的症结所在，并给家长提出建设性意见。负责任的家长往往会遵照执行；有效果则皆大欢喜，没有效果则继续找下去。

这样的方式看似没有问题，但漏掉了一个最关键的要素，那就是——学生自己！

当目标是由教师和家长制定的时候，孩子是被动接受着，甚至像是旁观者。目标和他的关联度很低，又怎么能指望孩子倾注心力、遵照实施呢？

我早就听说过生涯教育，但真正走近还是来到琴岛学校之后。解育红校长向我介绍学校发展规划时提到了"基于生涯教育"的课程建设。她是省特级教师，是专家型校长，有很前瞻的眼光和深沉的教育情怀。在她的启发下，我开始有了一些初步的认识。

后来，有机会和市南区教育中心科研部的于泳老师接触。她是一位有思想的研究者，为我提供了诸多的引领和帮助。她对生涯教育的深刻认识和情怀深深打动了我，让我动了要深入研究一下生涯教育的念头。

当时我正在寻找"十四五"课题的研究方向。毕竟关系到5年的研究方向，我还是非常慎重的。首先，查阅了一些文献，了解了20世纪70年代以来美国心理学家提出的一些理论，读了几本总结上海实践经验的书籍。我意识到，生涯教育远不是字面上那么简单，做好生涯教育会是一件很有意义的事。所以，我将"小学语文教学中渗透生涯教育实践研究"确定为后面5年的研究方向。

基于中国的国情，我认为生涯教育理想的实施路径就是和学科的融合，核心内容是如何让学生更好地"自我认识""社会理解"和"成长规划"；其中，我特别感兴趣的是"成长规划"。

关于"成长规划"，于泳老师第一个向我推荐的是地处杭州的云谷学校。据说，这所学校是由阿里巴巴合伙人出资创建，15年制的"非营利性"国际化学校，其使命是致力于让每一位孩子成为最好的自己。云谷学校在进行的"成长规划"的确很有特色。

教育是基于完整的"人"的教育。在云谷，我们期待通过评价，帮助我们看见一个完整的人。我们理想中的评价是有温度的，有力量的，因为我们看重生命力，而不是生命的体征。

评价，帮助我们看见一个完整的人。

我想问在座的老师们，初中阶段对孩子们来说最重要的是什么呢？或许你会说，学业很要紧，要为高中打好基础；或许会说，半大不小的小屁孩，还是习惯最要紧，得好好盯。是的，这些都重要。

但以我十二年的教学经验看来，最重要的是：孩子们是否清晰地知道"我"想要什么。

初中是孩子们自我意识形成的重要阶段，他们最迷惑的问题是：我是谁，我从哪里来，我要去向哪里？他们开始叩问人生的话题，探寻人生的意义，但也伴随着冲突、茫然、困惑和恐惧。知道自己想要成为什么样的人，并感受到自己正在成为这样的人，这对孩子们来说弥足珍贵。

成长规划就是帮助学生建立目标感，达成自我效能的一个工具。云谷2～12年级的每个班、每个学期、每个学生都会制定成长规划，并在老师的帮助下，制定、执行、庆祝成长规划的完成。我们期待学生能借此清晰地看见目标，同时在执行以及不断对焦的过程中，总结成败经验，让孩子们对未来充满憧憬并积累能量。

成长规划让孩子"发现"最好的自己——自主性

云谷实行导师制，每个老师会有5个到7个导生。今天想给大家分享一个导生的故事，他的外号是蟹老板。（蟹老板是海绵宝宝里的一个角色，开始是个大反派，因为很抠门，很霸道，大家不喜欢他，最后却实现人设大反转，变为了正义的化身。）

2019年3月11日，在由家长（教育合伙人）、导师、学生一起参加的1+1+1圆桌会上，蟹老板信心满满地和大家讲起人生中第一次做的成长规划，没讲几句，就听到爸爸说："目标定得那么大，还不如先把英语学习学好。你知道英语学习多重要吗……"气氛瞬间降到了冰点，我和他妈妈都有些尴尬。他气愤地望着爸爸，涨红了脸，说不出一句话，眼泪不争气地滚了下来。

蟹老板冲出了会场，留下一脸错愕的我们。爸爸说："他就这样，脾气火暴。曾老师，他英语从小学就不好，如果现在不开始，后面……"

为了在1+1+1圆桌会上"秀"一下自己的成长规划，蟹老板和我沟通了不下四次，期待着付出的努力能得到家长认可，结果却和往常一样，被爸爸否定了。

"英语这事，是爸爸急，还是'蟹老板'急。如果是爸爸急，我们就把这事先放放，看看孩子的规划是否可行。"我对爸爸说。

第二天，蟹老板重新补充了成长规划，把控制情绪、如何表达情绪和感受放了进去。

学期开始了，遇到情绪爆炸时，我们会用非暴力沟通卡牌，或者用思维导图理清当下的感受是什么，想要的是什么。如此一来，既接受自己，也看见他人。

日子一天天过去，到了学期末做成长规划复盘的时候，学生、导师、家长都要在成长画像上记录孩子整个学年的情况。

蟹老板在成长画像上"眼中的自己"一栏中这样写道："我变得能够接受一个人身上同时存在闪光点和缺点，即使有时候真的很矛盾，但我做到了。"

同时我也收到了爸爸写的成长画像，"我眼中的孩子"一栏写着："信任是一种很幸福的感觉，因为信任带来了变化，而且我现在不焦虑了，每天做好自己就够了。"这让我欣慰又踏实。

转眼间来到第二年的1+1+1圆桌会，我发现有了一些不一样。这次圆桌会由蟹老板主持，他从容不迫地开场："今天我来主持，桌子上有笔和纸，可以边听边做笔记，结束之后，请以star and wish的方式提建议，我很重视你们的建议。但是否采用，我会自己决定，因为是我在做计划。"听完之后，我惊讶了，完全没有想到蟹老板会以这样的方式开场。

其实，蟹老板一直在改变，从七上的"情绪管理"、七下和八上的"倾听、沟通"、八下的"团队合作、横向领导力"到九上的"做更多突破，以积极乐观自信的状态走入高中"。我看到越来越包容自己、越来越成熟的蟹老板。

2019年暑假和他两位同学一起投资创业，担任CFO，出版个人诗集；2020年9月作为副领队带队参加国家赛艇比赛。可以说蟹老板完成了人生大逆转，变得人见人爱。在这个过程中，蟹老板牢牢把握住了主舵，爸爸的角色越来越小，自己的能量越来越大。

很多时候，我们给孩子建议、要求，却忽略了——是谁的成长？谁在为他的成长负责。我们只考虑目标能不能做到，却忽略了达成目标，孩子会不会感到骄傲。蟹老板的故事带给我们思考，孩子是不是能够成为学习和生活的主人。

所以，我想完整的人的评价，应该是基于自我目标驱动下的评价。

但有了目标，是不是就能风平浪静，直接抵达目标了呢？

老师们，新年flag已经立下了，对吗？那问问自己，有多少漫天飞舞的flag一开始说得天花乱坠，轰轰烈烈，转眼间就偃旗息鼓、相忘于江湖了。

成长规划让孩子"成为"最好的自己——过程性

我想分享另一个故事，一个脆弱的小王子的故事。

　　之所以选择小王子这个人物形象，是因为他觉得童心很重要，但玻璃心要慢慢褪去。在孩子们的眼中，他是"别人家的孩子"，乐于助人，还会写诗，数学、化学都特别棒。

　　小王子八下做的成长规划："学会和自己更好地相处，把爱好变成成果。"过了一段时间，小王子发生了变化。课堂中，趴着；下课了，还是趴在桌上。老师问他也不说话，但只要钉钉上有同学的消息，每条必回。

　　大家都疑惑了，小王子这是怎么了？

　　妈妈认为小王子沉迷手机。但导师安慰道，别着急，等等两周一次的导师反馈。

　　于是导师把成长规划拿出来，和小王子一起对照着成长条进行打分。原则是：不给建议，听孩子讲他遇到的困难和障碍。

　　比如，导师可以问："这个阶段你打了7分，那还有3分到哪去了呢？要怎么做才能拿到那3分？"

　　"就是太晚睡了，手机上有很多消息需要回复，有时候和同学交流，有时候娱乐，有时候学习，所有需求都混在一起了。"

　　"如果这些需求都要，你可以怎么调整呢？"

　　"我试试把手机挂在家门前的鸡窝里，9点就把作业完成，再回复别人的消息。"

　　又过了一段时间，这个方式似乎奏效了，他又如鱼得水了。但好景不长，小王子重新跌入低谷。这一次不只是上课趴下，下课趴下，回到家，从不沟通变成对父母怒吼。和导师通电话，没开口，就已经泣不成声。大家又开始焦虑了。

　　这一天，导师拿着成长规划，与小王子坐在长椅上长谈。我发现小王子开口说了很多，导师一直在点头。

　　我很纳闷，问导师："你们聊什么？"

"其实很早就知道,他肯定会再次陷入以前的困境。"

"为什么?"

"我观察很久了,协同表里也有这种情况,他的任务变多了。但是并不完全是因为这个。"

"你得到什么答案了呢?"我问。

"我就问了一个问题,这一次和上一次有什么变化?孩子说:'看起来是任务多了,后来仔细想,其实是老师给我任务的时候,我根本就没问清楚完成任务需要多少时间,我要担任什么角色。有时候不会选择,更不好意思拒绝。'"

只要我们保持对孩子的信任,相信孩子可以学会自己,审视自己,调整自己。就这样,不断回顾最初的目标,不断经历混乱—受冲击—调整的过程,失衡的比例越来越少,调整的时间越来越短。

突然有一天,小王子回来了,导师会上,小王子成长条上的进度破天荒地从2~3分提高到7~8分。小王子说,最近9点30分可以上床了,学习完了可以做下音乐,现在周六和周日还有余力做更多自己想做的事。

他把所有经历用rap给唱出来了,道出了自己的艰难,但是也唱出"我定不凡"。

蟹老板也罢,小王子也罢,孩子们有太多这样的时刻需要去面对。成长规划让我们看见了改变与成长的整个过程。从"我不能"到"我可以"到"我还想更好",它无关结果,这个过程本身就值得庆祝。

来重庆之前,我问了孩子们一个问题:如果用三个关键词来描述成长规划,你会选择哪三个词呢?他们给了好多的词语。我说:"执行成长规划的过程对你们来讲意味着什么呢?更细化一点的答案。"他们会说是摸索着让自己变得更好,是让自己越挫越勇;是当你最后站在终点回望旅途的时候,你会热爱走过的每一个脚步。是的,过程比终点更重要,因为终点遥遥无期,大部分人在半路放弃。

所以我想基于完整的人的评价，应当是注重过程的评价。

成长规划背后，老师们做了什么？

小王子的故事是他的导师毛露告诉我的。他说，小王子这样的孩子，当他带起耳机屏蔽外界的时候，可能就是最需要我们信任的时候。制定成长规划的时候，我们要无条件地去相信，他们一定能做到。我记得他语气缓缓的，目光却坚定。而这样的年轻人，在我的身边有很多很多，我敬佩且欣赏他们，特别是他们的智慧和用心。

教育是农业，是一件慢的、科学的事。在云谷，育人，比教授知识更重要；学会学习，比学什么知识更重要。导师，就是这样慢慢地耕耘，支持每一个独特生命的成长。

平等、真实的对话

今天早上从楼梯走上来的时候，看到一个词——重塑生态。我想，生态是由一棵棵小树苗长成的，可能我们不在一个班，但如果把每一个个体的正循环调好了，我相信一个个个体的正循环会组成一个大森林的正循环。

我还看到一句话，叫作"动起来才能够得着，静下来才能看得见"。正如我们做成长规划一样，这些都是从每一次与学生平等真实的对话中发现的，而对话的背后，老师必须完成角色的蜕变，走下神坛，从原来的教导者、引导者变为现在的支持者、陪伴者和激发者。

我们常说：牵着蜗牛去散步要慢慢走，要耐心地陪着一起走，甚至是爬。在爬行的路上，比解决障碍更重要的是看见障碍。老师就是帮助孩子们看清前面的障碍，让他自己去清除。有时，问题不是被解决的，而是被解开的。

尊重这个时代，尊重这个时代孩子的想法，尊重青春的迷茫，倾听孩子们的声音，在平等真实的对话中，引导他们寻找目标，更多的是强有力的发问，给予方法、情感的支持；链接身边的资源，和其他老师一起，为孩子们搭建平台。

云谷开发了记录平台，专门记录学生成长过程中的点点滴滴；充分利用在线协作的文档，彼此分享学生的信息；导师会分享自己的做法；阶段反馈；孩子的成长目标的达成情况有"教育合伙人"的助推，目的就是帮助孩子们消除成长障碍，使其能专注在目标本身的达成度上。

从2017年的第一版到2020年的第四版，四年里，我们不断去摸索和迭代，有了现在的做法。学生教会老师要怎样在形式上设计好的规划，真正做到有温度和有力量。

云谷全员的老师都会把孩子的成长目标放在心上，并持续地去推动发展。

每个阶段都不同：七年级更关注与孩子们的连接，为他们营造一个安全、彼此尊重、互相分享的生态环境；七下开始尝试做规划，给予试错的机会，老师们寻找合适的契机加以引导；八年级关注内驱和专注，给予"谷粒"更多的支架，使其专注自己的目标，去达成它；九年级重在引领和衔接。目的是更好地支持全人的发展。

最后，我想给大家呈现的是九年级的学生袁博为1+1+1圆桌会设计的海报。极具视觉冲击力的画面，传递着一个声音——一起看见孩子的成长，一个完成的人。除了那些显而易见的成绩以及外在的成功，人们更多期望看见冰山之下的那些被忽略的、从来不曾流露的、不被发现的真实想法、性格、爱好，包括内心中的纠结、困惑与风暴。

——摘自曾艳在第七届中国教育创新年会·一班一世界主题峰

会演讲内容

云谷学校在做的过程性评价，让我们真切感受到对学生个体的真诚和尊重。这种主体性的激发不是浮在表面，而是深刻的、触动灵魂的。

　　老师们都会感慨班里孩子太多顾不过来，但大家有没有想过：也许你的班里就有未来的牛顿、瓦特，你的班里就有未来的教育部长；即使他成长成为一个最普通的人，你也可以影响他的人生观，进而影响他的未来。所以，为师之人，在每一个孩子身上倾注一切，就有可能改变世界；在每一个孩子身上所倾注的一切，都是无比值得的。

　　我推荐这样的做法，并在躬身实践。要相信我们所做的一切，努力帮助孩子找到适合自己的小目标，与家长携手做好合伙人，成为当之无愧的人生导师。

建议二十六

埋下一颗创新的种子

在五年级上过一节语文课。在一个环节中，我让学生每人说出一句包含颜色的话。

学生们说："我们走在黄砖铺就的路上""玫瑰是红色的""白色的云朵""绿色的篱笆"……

我总结："很好！这是普通的事物与颜色的关系。"

然后，我进一步激发，让学生思考：有没有"不寻常的关系"？

学生们一脸疑惑。我便举了一个例子："黄色的潜水艇"。

很快，学生的思维被打开。

"雾霾天气灰色的太阳""粉色的奶牛挤出草莓味的牛奶""红颜知己""我最喜欢白雪公主"……

一节想象作文指导课上，我在黑板上画了一个圆，问孩子们看到了什么。

孩子们的回答五花八门。我便告诉他们，没有正确的答案，你只要大胆地想象，你的心中会有一个独特的世界。

一节拼音课上，我让孩子们用手势表示6个单韵母。到"ü"时，上面的两个点如何表示，孩子们遇到了难题。我没有立即讲解，而是卖起了关子。

"应该怎么表示呢，是个难题！不着急，再想想。"

"可以和同位讨论一下。"

于是，孩子们津津有味地研究起来，小手摆弄来摆弄去，小脸上兴趣盎然。

一个孩子提问："老师，可不可以和同位合作一下？"

我满心欢喜，孩子开始有创造性地解决问题的意识了！

"没有问题！只要没说不行的，都可以。"

于是，各种有趣的表示方式在孩子们的小手中诞生了。好几组合作的孩子，一个摆出"u"，另一个用小拳头加上两个点，大功告成。

"只要没说不行的，都可以！"这句话源自一个有趣的比赛。自2012年起，我整整6年一直参与这项比赛，这个过程对于我来说是非常特别的一段经历。

这项比赛我们称作"头脑奥林匹克竞赛"（以下简称OM）。

链接1：

OM竞赛是一项创造力的竞赛，现在已成为国际上颇具知名度的培养青少年创造力的活动。OM竞赛于1976年由美国新泽西州葛拉斯堡罗州立学院教授米克卢斯先生发起。从1978年开始，每年在美国举行一次世界决赛。

OM竞赛是一项国际性的培养青少年创造力的活动。它是为从幼儿园到大学的学生组织创造性解题的比赛。题目没有标准的正确答案，每个解题方法都是独特的。在解题时，学生能将自己的兴趣爱好和知识技能运用到解题中，快乐地解题和学习，并因此终身受益。

1974～1977年，美国葛拉斯堡罗州立学院，从事创造教育研究的教育博士米克卢斯先生和格雷先生从教学研究中发现：创造力就像人的体力一样，是人类的一个特性，是能够开发和发展的。

米克卢斯经常设计一些有挑战性的题目，并奖励那些敢于冒险的学生，他们的方案并不一定成功，却富有可行性和独创性。1978年，米克卢斯教授出了一些题目，组织中学生进行比赛。这就是首届OM竞赛，有28所中学的学生参加了比赛。

从那时起，这项比赛逐渐发展为吸引世界各地上百万参赛者的活动。从1980年开始，每年举行一次世界决赛。OM竞赛受到了学生的热烈欢迎，也得到了社会各界的广泛关注和支持。美国成立了OM协会，有49个州成立了分会，共有1万多个会员单位。而且这项活动很快传到加拿大、墨西哥，接着又推广到俄罗斯、德国、英国、澳大利亚、中国、新加坡等国家。现在，世界上有30多个国家和地区开展了这项活动。

每年9月至12月，以学校为单位报名组队，参加区赛，角逐市赛，如果成绩优异，于次年2月底或3月初参加中国上海头脑奥林匹克创新大赛决赛。冠军队有资格参加5月举行的世界头脑奥林匹克决赛。

链接2：

宗旨：开发青少年的创造力，培养青少年的两种精神，即创新精神（鼓励与众不同）和团队精神（鼓励团队合作、共同努力）。

要求：三个结合——动脑与动手相结合；科学与艺术相结合；自然与人文相结合。

誓言：让我成为知识的探索者！让我在未知的道路上漫游！

让我用我的创造力把世界变得更美好！

链接3：

十条原则

一、团体努力

OM竞赛的首要原则是团体努力、相互合作。所有的竞赛活动都是以队为单位来完成的。一个队是一个整体，在活动的全过程中都要体现整体精神。长期题的选择、解题方案的讨论、装置和道具的制作等工作由大家一起完成。只有集中大家的智慧，才能形成一个最佳方案。

每个队员在队中的表现，都将影响整个队的成绩。在竞赛中，团体合作至关重要。每个队员都要听从指挥，决不能有出风头的思想。

二、扩散思维

人类在解决问题时，经常对每个问题进行不断发散，找到大量解决问题的方法，然后从中挑选出最好的方法，这是人类解决问题的常用方法。

在扩散思维中，那些与众不同的方法，如果适用就是一种创造。在解答OM长期题和即兴题时，就鼓励队员扩散思维，创造性的解题方法可以得到高分。在风格设计中，也给队员留下许多创造的余地。

三、独立解题

OM竞赛要求，解题的所有方法都是队员自己想出来的；解题所需要的装置和道具都是队员自己做的；道具的美化、布景的绘制，都是队员自己画的；表演服装应由队员自己设计和制作；解题的其他要求也都是由队员自己解决的。

OM禁止一切成人协助（除非题目另有规定），教师、家长不能代替学生完成上述任何一项，或者帮助完成部分东西，否则都被看成是违反竞赛精神的，将受到扣分的处罚。

四、人人出力

OM认为人人都有创造的潜力，只是一些人没有意识到。OM竞赛为每个队员提供了一把打开创造潜力之门的钥匙。让每个队员的创造性得到尽情发挥，鼓励队员想出各种各样的主意。

严禁任何评价，严禁议论和嘲笑，让每个队员的思想像脱缰的野马自由驰骋。即便是荒谬的主意，也让队员讲。有时在荒谬中会孕育一种新思想、新方法。鼓励与众不同的答案，这可能就是一种创造。经过大量的扩散，然后找出一种最行之有效的方法。

五、学得愉快

OM特别强调趣味性，使学生学得愉快、学得生动、学得主动。通过OM课外活动，促进学生对学校课堂教学保持浓厚的兴趣。

OM对长期题和即兴题进行了精心设计。长期题的内容涉及人们感兴趣的问题，如旅游、车辆、建筑、考古、广告、买卖等。

OM还提供了许多为解决这些问题而开展的丰富多彩的活动，通过这些形式多样、生动活泼的活动，学生可以学习到文学、戏剧、历史、音乐、数学、物理、化学等有关知识，还可以学到服装设计、广告制作等方面的本领。

六、正面鼓励

在队员们进行扩散思维时，所有的主意都应该得到鼓励，不允许有任何批评。OM强调正面鼓励，使所有参赛队员都处于一种轻松的、无拘无束的状态，使每个队员消除种种顾虑，大胆地说出自己的各种想法。让各种新思想大量涌现，每个人都可以从其他人的主意中得到启发，从而激励出更新的、更合理的思想。一些科学家在创造发明时，也往往采用这种方法。

七、正确引导

学生的精力旺盛，如果不加以正确引导，常常会成为破坏性的力量。

OM提供了具有挑战性的题目，吸引广大学生参加，所有的题目都没有刻板的、固定的答案。每个队员都可以自由发挥。题目所涉及的领域异常宽广，向队员希望发展的任何方向开放。

OM的目标是培养学生的创造力，使他们的聪明才智被充分发掘，使他们有用武之地，感受到自身的价值。

八、鼓励"差生"

学习成绩差的学生，往往被人瞧不起，被排斥在许多活动之外。然而，一些成绩差的学生走上社会后，却作出了杰出的贡献。科学研究证明，创造力与学习成绩、智商并不完全成正比。

OM认为学习成绩的好坏对于参赛并不重要，鼓励"差生"参加OM活动，使他们也有崭露头角的机会，使他们有成功感，发掘他们的创造潜力。

九、从小抓起

为了从小培养创造的兴趣，培养未来的OM队员，OM为8岁以下的幼儿设组，为他们设计了一套初级题，用于训练和表演，使他们也能享受到创造的乐趣，为他们今后参加OM竞赛打下基础。

十、广交朋友

学校的OM队员往往来自各个班级，在地区竞赛和OM夏令营中，大家又来自不同的学校、不同的年级，这给大家提供了一个交往的机会。通过OM活动，队员可广交朋友。

忍不住要回顾一下自己六年的奥赛历程，取得的成绩让我们团队的每一个成员都倍感骄傲——

2012年，第一次参加，取得全国第四名。

2013年，第二次参加，获得中国区决赛一等奖第三名；首次代表中国参加在美国密歇根州立大学举行的第34届世界头脑奥林匹克创新大赛，获第九名。

2014年，第三次参赛，获得中国区决赛一等奖第二名；第二次代表中国参加在美国衣阿华州立大学举行的第35届世界头脑奥林匹克创新大赛，获第二十八名。

2015年，第四次参赛，派出三个队，获得中国区决赛两个一等奖、一个二等奖；第三次代表中国参加在美国密歇根州立大学举行的第36届世界头脑奥林匹克创新大赛，获第六名。

2016年，一个项目两个队，获得中国区决赛一个一等奖、一个二等奖，第四次代表中国参加在美国举行的第37届世界头脑奥林匹克创新大赛，获第四名。

2017年，在全国赛获得"富斯卡特别创造力奖"和"全国头脑奥林匹克教育特色学校"的殊荣，再次赴美参加第38届世界头脑奥林匹克决赛；同时荣获"富斯卡创造力奖"和"套材结构"竞赛项目世界冠军的双料大奖，一举创造了中国参加世界头脑奥林匹克决赛的多项纪录。

回想2012年，头脑奥林匹克竞赛对我这个语文老师来说还是新鲜事物。参与上海的相关培训，让我看到这个项目对学生创新能力培养的意义。当时我在太平路小学，于庆丽校长对科技创新教育非常重视，给予了长期的、有力的支持。对于这样一个在市南区刚刚起步、训练难度非常大的项目，在没有什么优势，也看不到什么前景的情况下，于校长依然充满热情、时常关注、躬身指导，我现在想来非常不易，充满感激。

和我一起从零开始做起的是科学学科的杨海波老师、大队辅导员都喜老师，后来加入了数学学科的刘名萱老师、美术学科的崔蓓老师、信息技术学科的王铭钢老师，他们是我最好的队友和伙伴，一起经历并克服了无数困难，共同创造了辉煌的成绩，也欣喜地见证了小队员们经历后的成长。

今年夏天，第一届奥赛队长丁明朔同学再一次回来看老师。现在他正就读于北京大学。这样一个身高一米八多的大男孩，在回顾起参加奥赛的经历时依然手舞足蹈。他说，这项比赛改变了他的很多思维方式，让他懂得多角度思考问题，学会了勇于面对和解决问题，还认识到合作的意义。和教练老师、队员们一起经历的时光，也已经成为每一个孩子终生难忘的美好回忆。

其实，作为奥赛团队的一员，我们更多的是一份情怀。中国的孩子非常优秀，他们有创新的意识和能力，作为老师，我们必须激发出他们的潜力。事实证明，我们的孩子没有问题！

这项比赛最公平的是"即兴题"。

链接4：

即兴题旨在培养学生快速思考和独立思考的能力，教会学生即兴发挥，得出解决问题的策略，并在几分钟内完成解题。比赛中，队员们被叫进一个房间，裁判读出他们要解决的问题。队员之前对自己将要做什么一无所知。

我们每天面对的挑战并不都在意料之中，它们往往突如其来，我们须找出问题的重点，再一步一步解决它。即兴题教会学生"站着思考"并迅速解题。

特别说明：即兴题在裁判向参赛队当场公布前应保密。只有裁判和参赛队员方被允许进入比赛房间。教练、家长、记者等，都不准进入比赛房间，观看即兴题比赛。

参赛队的7名队员都可以进入即兴题比赛房间。5名队员必须参加即兴题的比赛，如果人数少于5名，可能会影响该队的比赛成绩。当队员进入比赛房间后，裁判会告诉他们即兴题的类型，是语言题、动手题还是混合题。

参赛队有1分钟的时间来决定哪5名队员参加比赛。非参赛队员必须安静地坐在房间内观看比赛，如果他们干扰比赛，将受到处罚。

在全部比赛结束前，任何人不得泄露即兴题。 如泄露即兴题将被取消比赛资格， 并加以纪律处罚。

开头提到语文课上的"让学生每人说出一句包含颜色的话"，就是一道典型的语言类即兴题。分析一下，简单的问题背后是思维的训练，如逆向思维、形象思维、联想思维、发散思维等等。

我是一个老师，也是一个妈妈。

我希望自己的孩子们是天才，但是我更加清楚地知道，天才是极少数的，我的孩子们绝大部分是普通的孩子，只是有的在某些方面稍微出色一些，有的在某些方面略显笨拙。

我希望自己的孩子们能够适应新的时代，有道德、有激情、有创意、有潜质，但是我也明白，教育不会一蹴而就，很多东西不是教就能学会的。

作为一个教师，从教的前7年，我做班主任、教语文，带了4届毕业班，和200多个孩子朝夕相处过。虽然自己从小在规范答案的背诵中成长，是考试的受益者，但我并不喜欢条条框框，希望我的学生能够有自己的思想，能够创造性地解决问题。但是，语文教学在扎扎实实的字词句段篇教学之外，很难找到空间和时间，再加上忙于完成上级的教科研任务，忙着实现教学目标，忙于批改作业、教育学生……好的想法在课堂上偶尔灵光显现，但我却没有找到好的方向与路径。

2007年开始，我离开了班主任岗位，开始了教导处的管理工作，管理学校的课题研究、语文教学、英语教学、科技和国际交流工作，也兼任语文学科的课。从事管理，看似脱离了教学，这让喜欢和孩子混在一起、喜欢上课的我有些苦恼。但很快，我发现换一个角度看问题，会有意想不到的豁然开朗。我可以跳出语文教师的学科视角，与英语老师们研究，与国际友人交流，让我得以有国际视野；与科技社团的老师学生摸爬滚打，带着队伍去美国参加比赛，让我得以深刻思考创新教育的实施；带着老师们做科研，就逼着自己用科研的方法做教育，不断有新的想法，再回到课堂尝试……久而久之，不知不觉，一些困扰已久的问题开始有了答案。

在学校里很多东西能学到，但也有很多东西很难学习到。刚刚入学的孩子的想象力正是丰富的时候，拿到一张小纸片，都能幻想出千奇百怪的事物。这时候，孩子最需要的是呵护和智慧的引导。

"创造力可以培养吗？"这是一直困扰我的问题。多年与学生打交道，我看到了许许多多的不同性格特点、不同能力水平的孩子在创设的富有创造力的环境中得到成长。他们有的是所谓的天才学生，是"天生"有创造力的；有的学生的天赋是需要培养和开发的；有的学生并不认为自己有创造力，但感觉自己和同龄人"不一样"；有的学生拥有不受固定思维束缚的潜力，但却没有机会把潜力发挥出来……每个孩子都需要一种环境，能把自己的创造潜力发挥出来。

我一直在努力寻找培养创造力的途径。

"让我成为知识的探索者！让我在未知的道路上漫游！让我用我的创造力把我居住的世界变得更美好！"

语文课上应多一些这样的设计，它传递出教师理念的一种变革。让越来越多的老师成为"隐形教练"，让越来越多的语文课堂包含创新教育。这样的浸润，不正是我们所追求的吗？

建议二十七
耐心地倾听也是最好的关爱

　　你是臂长无限、遮风避雨的大树，孩子很有可能在你的庇护下甘心做一颗柔嫩的小草；你是一颗弱不禁风的小草，孩子很有可能努力长成一棵参天大树。

　　在儿子面前，我经常示弱。

　　"妈妈很累，你帮忙吧！""这个我不会，你查一查。""这段话你的理解和我不一样，但也挺有道理，我没有想到"……

　　真正的关爱不是单向的给予，而是双向的。它让孩子感受到：我需要爸爸妈妈，爸爸妈妈也需要我；我需要老师，老师也需要我。

　　其实，关爱不是难事，但让学生感受到你的关爱却不容易。

　　我认为，课堂上、生活中，最好的关爱是"耐心地倾听"。

　　童年，是最喜欢表达自己情感的时期。教一年级时，每次下课，都会有孩子过来和你说话："老师，我喜欢你！""老师，您今天讲的，我听明白了！""老师，今天是我生日。"……每次，无论多繁忙，我都努力地去倾听孩子的话，报以微笑，给予肯定或是建议，然后看着孩子们心满意足地离开。

　　你认真倾听孩子的话，就是关爱。孩子们感受到这种爱，将来也会懂得倾听，做懂得关爱别人的人。

语文的核心素养，简言之就是"听说读写"。其中，"听"列在第一位。"听"是一个人与生俱来的能力，是一种本能。语文要培养的"听"，不但指专注地倾听，还包括听后的思考分析和筛选信息的能力。

很多教师抱怨学生在课堂上越大越不爱发言。很多初中的课堂静得异常，只听见老师的讲课声和刷刷的书写声。但这些十几岁的孩子，无论课堂上多么安静，只等一下课，就开始叽叽喳喳。显然，不爱表达和年龄没有直接关联。

问题不在孩子身上，很多时候是大人们没有"真倾听"，聪明的孩子看得出我们的故作姿态，也知道自己的发言只是可有可无的点缀或是仅仅需要应和一下答案。自己个性化的见解，没有人会很好地倾听和回应，自然也没有说出来的必要。

无论什么时候，听，就真心实意地听。倾听别人说话是要耗费时间和精力的。教师的工作很繁忙，当孩子想向你倾诉的时候，如果你真的有事不能听，我建议还是直接提出来，情绪平和地告诉孩子："老师很感兴趣，但因为有事，稍晚一些听你说。"这比勉强去听或假装去听好得多。

要做到"耐心"，非常不容易。

孩子和你聊天，经常是与心情有关的事情，加之年龄小、表达能力有限，常常说得比较零散或混乱，观点不是那么突出或逻辑性不强。但是，我们还是要鼓励他把话说完，自以为是地去理解、急于打断、急于帮助这都不是明智之举。

有的人习惯于随意打断别人的谈话，或借机会把谈话引到自己的事情上，一心二用，任意加入自己的观点做出评论和表态，这都是很不尊重对方的表现，有时这比不听别人谈话产生的效果更加恶劣。所以，我们不能以孩子还小、"他说不明白还是我来帮忙吧"作为借口，随意打断孩子的话，而是应该静心听一听，或表示理解或表示疑惑，或点头微笑，或眉头紧锁……让孩子感受到有共鸣，鼓励孩子继续说下去。

有这样一个故事。

一名记者采访一个小男孩时说："如果你在飞机上，忽然飞机没有油了，你会怎么办？"男孩回答："我会通知飞机上的所有人，然后自己拿着降落伞跳下去。"众人都对他的回答感到愤怒，怎么可以置大家的利益而不顾，却自己一个人跳伞活命呢？

听到众人的指责，男孩忽然热泪盈眶。记者问他为什么哭，他说："我只是下去拿燃料的，等会儿还会回来的！"

第一次听这个故事的时候，我下意识地反思——我曾经做过类似的事情吗？因为我缺乏耐心，会对孩子会造成何等的伤害？真的希望我的学生没有受到过这样的伤害。

其实，有时我也很矛盾。

班里一个叫小田的孩子，思维活跃，超级爱聊天，举手发言相当积极。他经常上着课"直抒胸臆"，大声表达自己的观点，并且一定想办法让我听见并关注。

我不想用简单的课堂纪律来约束他。我害怕批评过几次后，他会"乖"起来，我便再也看不到他眼睛里放出的光彩了。但如果在课堂上常被打断，也会耽误教学进度，毕竟有这么多孩子，我还要照顾大多数，长此以往也不是办法。

我采用的办法之一，是告诉他"你的想法很好，课上我们先说到这儿，下课再继续交流"。这句话不是敷衍，我有几次下课便和他交流。虽然他经常会忘记课堂上想问的问题，但我看得出他的需要被满足，他的热情没有被打击。他知道老师愿意倾听他的想法，同学们也不会嘲笑他。他是安全的，可以继续大胆表达自己的观点。

有人愿意听你说话，多好啊！

很多时候，夫妻产生矛盾不是为了什么大不了的事儿，只是一方不愿意听另一方说话罢了，没有耐心、没有兴趣，让另一方感觉很糟糕，于是矛盾便产生了。

孩子有自己的世界，我们可以不理解、可以不认同，但至少我们要耐心听一听他们真实的想法。

有时我想：能够有属于自己独立的想法，多好啊！能够遇到一个想听你说自己想法的人，多好啊！

建议二十八

陪孩子学习要有方法

要不要陪孩子学习，这是一个令很多家长纠结的问题。

"陪"，可以理解为陪伴，也可以理解为关注。我倒认为"陪"与"不陪"不是问题，关键是为什么要"陪"。

家长如果从一年级开始就对孩子不放心，一定要在旁边盯着，那么，可能要一直"陪"下去。小学、初中、高中……漫漫长路一路陪下去，家长要做好思想准备。

为什么要"陪"？我认为还是要用心思考一下。

教育家叶圣陶提出的"教是为了不教"，揭示了教育的本质。这句话给我最大的启发就是——培养孩子的自主性很重要。

无论在学校里还是在家中，我们都应该有意识地培养孩子自主做事情的好习惯。将来的"不教""不陪"，不仅是我们教育工作中所追求的一种境界，更是现实生活的迫切需要。为了"不教而教"是教育工作者必须高质量完成的重要教育任务；为了"不陪而陪"，则是需要每一位家长付出智慧和持续努力的。

我们先来探讨一下"自主性"的话题。

自主性，不仅是教育问题，也是一个涉及哲学、政治学、伦理学、法学等多个领域的议题。

生物学的解释很有意思：器官、细胞和细胞器作为生物个体的部分，可以自动完成一些生命活动，成为自主性。

从人文意义来看，一个理性的人，想要成为一个道德的人，就必须具有一种有意识的选择自由。自主性是人的品格特征。在自主发展的过程中，这些特性会融汇在自主性态度和自主性行为之中，构成一个人的统一的品格特点。

所谓自主性学习，是就学习的内在品质而言的，相对于"被动性学习""机械性学习"和"他主性学习"而提出。学习者能够根据自己的学习能力、学习任务的要求，积极主动地调整自己的学习策略和努力程度，这个过程就是自主性学习的过程。自主性学习，要求学生对为什么学习、学习什么、如何学习等问题有自觉的意识和反映。

不妨对照一下孩子们每天的学习——

在学习前，孩子自己能够确定学习目标、制订学习计划、做好具体的学习准备吗？在学习中，孩子能够对学习进展和学习方法做出自我监控、自我反馈和自我调节吗？在学习活动后，孩子能够对学习结果进行自我检查、自我总结、自我评价和自我补救吗？能够有所体现，那么，他的学习就是自主性学习。

再具体一些，我们可以这样观察和判断。

问一问孩子："你认为自己的学习有哪些不足呢？"孩子找到不足，才能确定新的改进目标。

学期初、放假前，学生一般会制订学习计划。了解一下孩子制订的学习计划是不是可行。一个可行的、能够持之以恒的计划永远比一个看上去美好的计划好得多。

孩子有没有多途径学习的意识？当他遇到学习上的困难后，会不会请教家长或是老师，是不是能够通过查阅书籍、网络以及请教身边的人等方式获得相关知识？

写作业的时候，孩子能够控制自己的情绪吗，是否能努力让自己不要被干扰，避免太过兴奋的状态，够沉下心来，集中注意力？

无论老师有没有布置相关的作业，孩子是否都能够及时总结和复习？

……

而这些，就是我们需要在陪伴中培养学生的习惯和能力需要思考的问题。

回到语文课堂。

我曾执教《给家乡孩子的信》一课。设计这一课时，我首先想到的是要以学生自主学习为中心，让学生自主预习并完成学习卡，引导学生自主质疑，引发思考，在小组合作过程中对提出的问题进行交流，结果，小组合作学习的成果让人惊喜。

在所有的教学环节中，首先是学生的预习。这个环节是任何有效的课堂都不可缺少的。离开了学生对教材的先学，任何讲解、提问和讨论都失去了针对性。

第一课时，学生完成《自主学习卡》。

我特别设计了一个"问题口袋"，鼓励学生自主学习，发现并记录在预习过程中发现的问题。我引导孩子们可从课文的知识、情感、内容、表达等多个方面进行提问。

有问题才会思考，有思考才会产生思维过程、才可能有所创造。"为有问题的学生鼓掌"，这是我始终坚持并反复向学生强调的。孩子们提出的问题，我都非常珍视，这是他们积极思考的结果，也是自主学习的成果。当学生以自己敏锐的洞察力发现问题时，学习就有了强大的动力，从而真正开启了心智的大门，真正激发了学习的热情，真正领略到了学习的乐趣与魅力。

蔡林森先生在《教学革命》一书中提到课堂教学的全过程就是一个发现问题、解决问题的过程，即"先学后教"。当学生已经能够自己阅读教材和自己思考的时候，就要先让他们自己去阅读和思考，然后根据学生在阅读和思考中提出的和存在的问题进行教学。"先学后教"的可贵之处，在于让学生走在教的前头，让学生先探索、先体验，积累经验，发现问题，然后带着问题去学习。

在学习这篇课文时，我让学生通过读课文，自己发现问题，然后通过小组合作讨论问题，有些问题仍然得不到解决，就写在问题卡上。这些问题就是教师在课堂上需要精讲的问题。当学生在第一课时中产生问题的时候，我和他们一起梳理、整合，并且帮助学生鉴别问题的质量，以培养学生提出更有效、更有价值的问题。对于学生提出的比较简单的问题，如："巴金爷爷给孩子们提出了什么希望？"这个问题很简单，学生自读就能解决；"如何理解我思索、我追求，我终于明白生命的意义在于奉献而不在于享受？"这个问题可以通过自读、自悟、积累、交流的形式解决；"巴金爷爷为什么要给孩子们写这封信？"这个问题有一定的难度和思考价值，又是两个小组同时提出的，说明孩子的困难点在这个问题上，所以我就想把这个问题的解决确定为小组合作的形式。这样的设计既能突出学生的主体地位，又能真正提高小组合作的有效性。

在教学中，我们充分利用学生的心理特点，把学习主动权还给学生：不断地创设情境，引导学生先整体感知教材寻求理解：再引导学生感知教材重点，发现和质疑，然后共同释疑、探究，获取新知。这样，既突出了学习方法的指导，又留出时间给孩子自主感悟，将学习的重点和难点化解在层层的感知与理解、体验中，循序渐进，拨云见日，其过程对学生产生了莫大的吸引与挑战，学习主动性得到强烈扩张，探究意识和释疑能力由此而得到逐步增强。

现代学习方式特别强调"问题"在学习活动中的重要性：一方面强调通过问题来进行学习，另一方面通过学习来生成问题。让学生走出文本，走向文本以外的世界，从中发现新的领域，寻求新的问题，从而激发学生强烈的学习欲望，通过新一轮的学习与实践增强知识的广度、深度及自主获取知识的能力。

在《给家乡孩子的信》一课的教学中，当学生解决了所有自己提出来的问题以后，我采用情境创设的方法带领学生走进课文，与文本对话，与作者产生情感上的共鸣。通过配乐朗读，我和学生一起走近巴金，感受巴金伟大的人格魅力。

接着插入学生在课前查阅到的2003年巴金老人被评为"感动中国"人物时的颁奖词，让孩子们永远记住这位可亲可敬的老人。课后，孩子们可以自主选择作业：可以阅读巴金的作品，感受巴金真挚、朴实而深厚的情感和语言特色；也可以在学习了书信的格式以后，仿照书信的格式给巴金爷爷回信，这是一种情感的交流和思想的升华；还可以向学生推荐与课文有关的阅读篇目或书目，以及完成实践类的作业，如排练课本剧、搜集与课文相关的资料、进行研究性学习等等。在平时的课堂上，我尝试把这些机会交给学生，让学生发挥主动性，自己推荐阅读，自主布置作业。

教师从课堂的主角——教授者变成了课堂上的配角——合作者。在教学中以学论教，努力做到"该讲的大胆讲，不该讲的坚决不讲"，切实落实教学的针对性，真正实现少教多学；把学习建立在每个学生原有的基础上，从实际出发，引导每个学生循序渐进地学习，树立信心，激发兴趣，使学习进入良性循环机制：学会—兴趣—愿学—学会……孩子们兴趣高涨，思维活跃，积极主动地参与到学习中。他们自主合作解决问题。他们愿意在同学面前发表自己的见解，在交流中大家侃侃而谈。每个学生在课堂上都学有所得，课后能用课堂上学到的方法读书写作。

比得到知识更加重要的，是习得了自主学习的方法。自主性的培养，是学生最大的成就，也是教师与家长最大的成就。

（毕晓蕾）

建议二十九

走进影视也走入学习

　　下班回家的路上，常听到三两句争吵："一天到晚就知道看电视，你看看人家，几时看过电视？！人家学习那么好！？你除了看电视，还会干啥……"不少家长把不看电视作为为了孩子学习而付出牺牲的佐证：你看，为了你的学习，我们全家不看电视！这样的付出，你应该感激。

　　影视节目的出现到底是好是坏，是否可以合理地、科学地运用到日常的学习生活中？于是，我开始对影视资源进行了探索与研究，并发现了其中的"美妙之处"。

　　《中国诗词大会》被誉为综艺界的一股清流，在各大媒体上火了一把。这类节目获得了很高的人气，这不仅证明了我们的国学文化是有极强的生命力的，同时也证明了电视网络媒体与中国传统文化的科学合理的结合产生的效果是正向的。与此同时，我们也看到，在新媒体高度发达的当今时代，教育的方式方法可以在很大程度上影响教育的效果。此类节目之所以能让观众看得"欲罢不能"；究其原因还在于这类节目不仅具有文化魅力，而且其所用的教育方式让人如沐春风，我们不知不觉地接受了教育。如此一来，孩子不仅充分得到了中国传统文化的滋养，同时还开阔了视野，增强了阅读鉴赏能力，同时锻炼了记忆能力，对一生的发展都有着不可估量的益处，更不用说，孩子用功于此，自然也就没时间去玩游戏、玩手机，沾染不良爱好。我想，这也就是"美妙之处"吧。

就在我对影视资源展开研究与探索的时候，课间偶闻学生对某部影视剧议论纷纷。阳光下看着学生因影视剧中一个小情节而争得面红耳赤、因一个美好的场景而露出的向往之情、因一个杜撰出来的人物而一探究竟，那一刻，我深刻地认识到我所发现的"美妙之处"真的可以实现——让影视走进语文、让语文课堂变得丰富多彩。

影视在我们的生活中无所不在。有些影视资源中的编剧、作家、导演，都是经过多年学习研究，有着较高的文学造诣与艺术内涵的人。影视不全是娱乐大众的内容，它还有着一缕芳香，宛如清晨的露珠一样，不仅仅滋润着大地、还为人们带来新鲜的氧气。对影视一概而论、以偏概全的说法都是不正确的。学生可以把控好学习时间，对有益学习与身心健康的影视资源进行观看、善于发现其中的知识点，并且做到学习、生活两不误。

自从语文新课改提出，要改变教师教学中单一的教学模式后，如何充分调动起学生的兴趣，让学生积极地参与到语文教学中，成了困扰我的重点难题，令我不知所措。正当我头都要"秃"了的时候，在课间听见孩子们正在讨论某部正在热播的电视剧，特别认真、投入，每个人的脸上都充满着笑容、眼睛散发着光芒。这一现象令我恍然大悟：孩子们那么喜欢影视剧，那么我为什么不可以在语文教学中运用影视剧来培养孩子的学习兴趣？营造出良好的学习氛围，孩子们不就自然而然地参与到教学中了吗？这样做还能达到有效提升学生们的阅读能力与语文素养，何乐而不为呢？！

那么，如何才能在语文教学中更好地运用影视剧来融合？我在探索的过程中结合了几点，认为这样可以有效地提升学生的学习兴趣，让学生能够真正地通过影视剧来走入语文。

通过日常与学生的交流、看一些影视资讯，让我逐渐发现，可以凭借影视资源中所呈现的场景、情节，不断地刺激学生的兴趣点。学生兴趣点的产生，就如同一颗萌芽埋在沃土，之后需要不断进行"灌溉与光合作用"。在教学时，教师除了讲述应试的一些知识点外，还可以结合影视资源，打开学生兴趣的大门，在良好的氛围下不断地让萌芽发展壮大。我先是借助影视资源来创设情景，以此来激发学生兴趣。影视资源中许多都是编剧与作家，经过毕生书写而创作出来的精华，具有较高的艺术与文学魅力。所以，在进行教学时，可以结合影视资源，将其作为学生阅读与交际的良好素材。教学中，我结合了学生的兴趣点，创设出良好情境，让学生能参与其中，引导学生真正爱上语文。例如，我在教学《桂花雨》这篇文中时，通过播放一段轻音乐将学生带入课文情境中，随后借助多媒体影视资料播放与教学相关的桂花飘香视频。学生们犹如身临其中，沉浸于作者所写的桂花雨中，此时我再让学生认真地聆听课文，并进行仔细品味后挑选学生进行朗读，让学生用自己的语言来描述以前所见过的现实场景。果真，这些孩子们在我创设的情境下，对于教学内容的感悟有了更加直观的认识，令教学达到了事半功倍的效果。

不同类型的影视资源中蕴含着不同种类的知识，我认识到影视资源当中具有诸多丰富的资源与知识，在进行教学中运用好资源能够有效地培养学生的爱国主义情怀。因此，我在进行语文教学的过程中，会对教材中充满爱国主义精神的文章进行深入挖掘，并借助互联网的优势来寻找与此内容相关的影视资源。如，我在教《狼牙山五壮士》时，通过寻找与其内容相关的影视资源材料，如抗日战争题材的一些影视资料给学生进行播放，让学生能够深刻地体会到当下幸福生活的来之不易。我还通过寻找一些民族英雄的生平事迹播放给学生观看，让学生能正确地认识到英雄的伟大，并能在心中对英雄产生敬佩之情，从而在小学阶段就能在学生心中播下一颗爱国的种子，让学生的爱国之心在我们的呵护下能茁壮成长。

用巧设质疑的方式来拓展学生的思维。影视课程资源中包含了诸多的名篇佳作，将这些资源融入教学中是小学生喜闻乐见的形式。我在认识到此点之后，将影视资料运用于教学中，以此来激发学生的好奇心和求知欲，促进学生思维的发展，从而更好地为学生自主学习创造良好条件。例如，我在教学《草船借箭》此课文中"草船借箭的经过"时，我将三国演义中的一段影片插入其中：大雾漫天，江上什么都看不清，诸葛亮下令将船头朝西、船尾朝东边，一字摆开后叫船上的士兵一边击鼓，一边呐喊……在播放完影片后，我询问学生："同学们，看完这段影片你有什么疑问吗？"学生1："老师，为什么诸葛亮要选择大雾漫天的时候才去取箭呢？"学生2："老师，诸葛亮把船一字摆开有什么妙用啊？"学生3："为什么要让士兵一边击鼓一边呐喊呢？他们不怕人家反击吗？"这些孩子一一提出了自己的问题，而在我肯定他们的疑问的同时，鼓励他们去课文中寻找答案进行解惑。通过引导学生质疑并使其自己解惑的方式，学生的积极性得到了提升，有效地拓展了学生的思维，从而也达到了调动学生兴趣的作用。这让我从一开始的担忧转为开心，并且也认识到了将影视运用于教学中是有效的。

借助化难为简的方法，突破教学中的难点。新课改的发展下更加关注学生的学习积极性与终身发展的能力，而想要提升课堂的教学效率就要减轻学生的课业负担。我了解到小学生虽然有着好奇心的特点，但是在课堂中他们的注意力一般只会持续集中20分钟左右。因此，我在教学中借助直观的影视课程资源来提高教学的效果，以此来拓展学生知识量与发展其思维能力，让学生能进一步理解课文。在进行教学《故宫博物馆》时，由于文章中对于空间顺序、情感内容学生并不理解，使得学生在学习中难以培养自豪感。因此，我结合影视课程资源，在进行将"斗拱"时，引入了《巧夺天工》中的纪录片片段，让学生有效地厘清了文章的顺序，并借助多媒体技术引入故宫的平面图，借助直观化教学的方式，有效地深化了学生对课文的理解。由此可见，影视资料的利用，有效地激发了学生的学习动机，使学生的注意力集中起来，实现了教学的目标，并能将抽象化的知识转变为具体化，达到化难为简的效果，从而促进学生思维能力的发展，突破了教学的重点。

家，是一个除了学校之外学生学习生活的第二港湾。家中轻松、愉悦、舒适的环境会让学到的知识更容易记忆。与实际相结合，对学生语文素养的培育有着举足轻重的作用。良好的家庭环境如同阳光雨露一般，所到之处皆可滋润到根枝，伴着学生这颗树苗茁壮成长。在家里合理把握好观看影视的时间、种类、内容，可助力学生进一步成长。

很多时候，教师也有局限性，认为在教学中只要学生认真听课就行，并不在意学生是否能掌握知识，忽略了学生作为主体的感受。其实，这种想法是错误的。身为教师，我们要以学生为主体，在教学中以学生为主，以影视资料来创设出学生所喜闻乐见的教学形式，才能让学生积极地融入教学中，从而走进语文。

最后，推荐几部适合孩子看的纪录片。

《航拍中国》，适合3岁以上的孩子。这是一部地理学习必看的纪录片。每一个镜头都是由航拍完成，堪称中国的自然地理教科书，也是一部旅游指南，让你足不出户俯瞰泱泱中华万里河山，一览专属于中国的地理奇观。在这里，你能学到很多课本以外的知识。

《国家宝藏》，适合4岁以上的孩子。这是一部历史学习必看的纪录片，集结9大国家博物馆，27件镇馆之宝，以场景再现的方式演绎国宝的传奇故事。优美的文案、震撼的舞美、悠扬的配乐，给观众视听盛宴的享受，也是提升孩子大语文素养、提升民族自豪感的优秀课外素材。

《啊，设计》，适合4岁以上的孩子。这是一部思维提升必看的纪录片，火遍全球，实属"神仙级"少儿节目，以我们习以为常的各种杯子、各种笔、各种生活用品引导孩子观察物品的设计及原理，把物理学、人体工程学、美学的知识讲得轻松易懂，从小培养孩子对美的发现和感知。

《宇宙的奇迹》，适合6岁以上的孩子。这是一部物理启蒙必看的纪录片，能让一个孩子第一次对宇宙产生兴趣。人类从何而来？宇宙又将走向何方？用孩子看得懂、听得懂的天文学、物理学知识，带他们探索宇宙奥秘，激发孩子的好奇心，打好学科基础。

《跟着书本去旅行》，适合5岁以上孩子，是中小学生必看的纪录片。央视精心打造，以中小学课本和经典名著为线索，实地实景带着学生讲解课本知识，到处是考点。孩子可以一边看，一边学，不用死记硬背。

经常看纪录片的孩子眼界更开阔，境界也更高。如果家长、教师能够带着兴趣和孩子一起看，相信都会有不一样的收获。

（刘　圆）

建议三十

做儿童心灵的雕塑师

　　苏联共产党的国家领导之一加里宁说过："教师是人类灵魂的工程师。"教师不仅是发扬人类文化科学知识的传递者，更应当成为培养学生良好品德的心灵雕塑师。

　　《义务教育语文课程标准（2022年版）》明确指出："语文是最重要的交际工具，是人类文化的重要组成部分。工具性和人文性的统一是语文课的基本特点。"语文作为文化载体，要培养孩子的爱国情怀，发展孩子的健康个性，引导学生养成良好的意志品格，逐步形成积极的人生态度和正确的价值观。这是语文教学特别浓郁、强烈的部分。

　　爱国主义教育不是空中楼阁，直面民族的历史与现实，特别是用孩子可以接受的方式面对我们的民族曾经经历的血雨腥风，还是很有必要的。这方面，语文教学很有优势。

　　"国家公祭日"是为纪念曾经发生过的重大民族灾难而设立的国家纪念活动。12月13日是南京大屠杀死难者国家公祭日。这段时间，我正好带领孩子们学习六年级上册以"走近鲁迅"为主题的第八单元，本单元的语文要素是"借助相关资料，理解课文主要内容"。

　　考虑到我们现在处于和平年代，对战争本没有记忆，更不用说现在的孩子都是家里的掌中宝，被亲人呵护着长大，他们对于那段艰苦岁月以及革命先辈们的付出和奉献了解甚少。为了让他们更加深入地了解中国近代所经历的血雨腥风，进一步体会鲁迅先生忧国忧民的爱国情怀，我借机在课堂上播放部分南京大屠杀的真实影像资料。

听到要播放视频，教室里开始躁动起来。对于孩子们而言，他们充满期待，或许兴奋的是终于可以不用紧绷神经，抑或是真正想了解中华民族所经历的那段屈辱历史。

当视频开始播放，有的孩子听到日语，还笑出了声。随着时间的推移，孩子们都屏声静气，可以感受到他们连呼吸都是紧张的，仅仅几分钟，就听到有的孩子在下面小声啜泣。

观看结束后，孩子们交流观看视频后的感受，他们的回答让我感受颇深："我感受到了日本侵略者的残暴，感受到那个时代的人们生活的艰苦，他们时刻生活在恐惧中！""我认为我们应该铭记历史，好好学习，长大后成为栋梁之材，把祖国建设得更大！"让我吃惊的是，仅仅是一段几分钟的视频却对孩子们的心灵有如此大的触动。

了解历史，并不是为了播撒仇恨的种子，而是希冀他们铭记历史、珍爱和平。重温革命岁月，聆听历史的声音。是啊，这不正是语文教学人文性的体现吗？

教育家叶圣陶先生说："学语文，就是学做人。"能否把人培养成才，不仅要看其掌握的知识多少，更重要还要看其"魂"，而这个"魂"首先是"爱国"。我常常自省："我能带给孩子们什么？我的语文课堂里涌动着时代的活水了吗？我能启发孩子们正确的价值观吗？"

科学技术是把"双刃剑"。我们正处于科技飞速发展的时代，各种电子设备层出不穷，孩子们早早受到各种网络文化的冲击，甚至接受了网络上一些错误的思想，这些都会对学生的价值观塑造产生不利影响。

我始终坚信，只有了解我们国家的历史，才能更好地热爱我们的国家。在今年的国家公祭日期间，网络上曝光了各类不合时宜的行为和不实的言论，或因为无知，或因为思想扭曲，虽然相关部门已做出相应的处理，但我们更应当深刻反思：教育的缺失，是不良行为出现的重要原因。

尽管我们不能把语文课上成思想品德课，但有一点不容置疑的：作为教师，我们所肩负的责任不但要教书，更要育人。因此，孩子们正确世界观、人生观和价值观的塑造不仅需要每个孩子、每位家长的努力，更需要每一位语文教师的悉心引导。

如何用好语文课程中的资源，将其渗透至孩子的心灵呢？

在课堂上，老师们常会罗列课本知识点，生硬地让孩子记忆。其实细想来，这些孤零零的知识点，嚼之无味，用之甚难。借助情境，采用"沉浸式"的教学，会更好地贴近孩子们的生活。教师应和孩子们互动起来，让课堂生动活跃起来。

一、追根求源，感受汉字的魅力

中国的汉字文化源远流长，汉字历经了甲骨文、金文、小篆、隶书、楷书、行书、草书的发展演变。语文教学，离不开汉字剖析。教师在对重点字的讲解过程中，要细心挖掘汉字中蕴含的爱国主义情感教育因素。在教学中，我们可以按照汉字的演变规律，一步步直观地展示文字的演变过程，让学生轻松地记住字形特点，从中感受到祖国语言文字的神奇；还可以通过讲解汉字结构的文化内涵，加深学生的理解。比如在学习"忠"字时，我们可以讲解"忠"字由"中""心"组成，就是"内心"做到"中"，指内心公正、不偏不倚，学生一听就明白了这个字的构成，体会到了做人的道理，祖国的传统文化和劳动人民的智慧也会深深地印刻在学生心中。

二、走进历史，缅怀革命先烈

在小学语文教材中，有很多追忆革命先辈感人事迹的文章，有的是真实记载，有的是典型塑造。比如《十六年前的回忆》这篇文章从女儿的视角，为我们还原了革命先烈在危难时刻为了民族解放和人民幸福从容赴死的感人形象。我们除了可以通过引导学生关注外貌、神态、言行等描写体会人物品质，还应充分借助课外相关资料，把人物放在特定的历史环境与事件中，让学生在品读基础上真切地感受革命先烈的光辉形象，帮助学生树立远大理想、培养高尚的道德情操。

三、活动体验，感受传统文化的魅力

语文教学中渗透爱国主义教育还可以与各类活动相结合。比如，学习了部编版语文三年级下册第三单元的课文后，在综合性学习部分，可以组织开展"我们的节日"文化大使比赛，让学生身着唐装，划分小组，选择自己喜欢的中华传统节日，规定比赛项目，如春节的剪纸、窗花，元宵节巧制花灯、端午节包粽子等适合学生年龄特点、易于接受的丰富多彩的比赛项目，使学生潜移默化地接受中华传统文化的洗礼。

作为一名有责任感的语文教师，我们有义务竭尽全力去帮助孩子们了解国家，感受国家的魅力。在课堂教学中，除了以上教学方法外，还可以开展爱国诗词经典诵读，选择恰当的时机，充分利用时事新闻，引导孩子们运用所学知识进行对比分析、表达看法，养成关注社会的习惯，教育学生把自己的成长与祖国的命运联系起来，将爱国主义思想有效渗入课堂教学之中，让爱国的种子不知不觉地落入孩子们的心中。

一年之计，莫如树谷；十年之计，莫如树木，百年之计，莫如树人。教育不是一朝一夕的事，需要长时间的积累与沉淀，才有可能把一个人塑造成"人才"，而"树人"的过程，更需要教师不间断地努力，打开儿童心灵的大门。

（薛天敬）

建议三十一

让体验成为写作源泉

　　写作是学生语文素养的重要体现，对于教师和学生来说写作也是最难的。每当写作课，学生的兴趣都不是很高。有些学生无话可写，无事可谈；有些学生没有重点，表达不出自己的真情实感。陆游说过："纸上得来终觉浅，绝知此事要躬行。"叶圣陶老先生说："生活是写作的源泉，源头盛而文不竭。"任何一部著作的创作都离不开生活的素材和作者的亲身感受。诺贝尔文学奖获得者莫言曾表示，他的作品里有故乡的回忆，童年的生活，有他经历的一山一水、一草一木。对于小学生来说，写作也离不开对生活的体验。

　　但是，随着社会经济的发展，学生的生活体验越来越少；究其原因，一是学生课余时间少，缺乏与自然亲近的时间。现在学生大多生活在城市，课后参加很多课外辅导班，经常与电子产品接触，很少到户外感受生活；即使是生活在农村的孩子，也很少参与家庭劳动，很少接触大自然。二是学生生活富足，缺少对生活艰辛的理解。现在学生生活在社会稳定、繁荣发展的时代，学生生活比较简单，没有生活压力。这些导致学生在写作时无事可写。

　　五年级时，我们教学《母子情深》和《父爱之舟》两篇文章，课后便要求学生写一篇母亲或父亲的文章，选取典型的事例，表达出真情实感。在孩子的成长中，父母付出了很多心血，孩子们写起来本该得心应手；但出乎意料的是，孩子们并没能选取代表性的事例，千篇一律地写自己生病时母亲对自己的照顾。孩子们对于父母平时的付出竟丝毫没有感受，又怎么能感恩父母呢？

体验是获得情感的最佳途径。在平时的教学中，我尝试引导学生体验。在阅读《假如给我三天光明》这本书时，为了增加对海伦·凯勒这个人物的感知，我和孩子们进行了一场游戏。先请一名同学到讲台上，用一块布蒙住眼睛，然后交给这名同学一个任务：将书包里的语文书放到书架上。本来很简单的任务，在眼睛看不到情况下却变得异常艰难；且不说将书放到书架，单是从书包里找书就是一项不可能完成的任务。这名同学急得满头大汗，其他同学七嘴八舌地出着主意。十分钟过去了，当我为这名同学摘掉眼罩时，他长舒一口气，顿时觉得放松下来。趁着这次机会，我请这名学生谈一谈在体验过程中内心的感受。为了让全班学生感同身受，我建议学生都蒙上眼睛，在本子上画一幅自画像或者写一段话。当孩子们睁开眼睛时，都被自己的作品逗笑了。学生都没能完成让自己满意的作品。我对学生说："这就是海伦凯勒的生活，她不仅看不到，甚至听不到声音，不能正确表达。在这样的世界生活，你们有什么感受？"经过适时的引导，学生再写读后感时，便能从海伦·凯勒的身上读到她的坚强。

在课余时间，我鼓励学生多参加社会实践。参与社会生活，可以增加学生的社会责任感，帮助他们自我成长。今年暑假，学校组织了到养老院看望孤寡老人的活动。小涵平时比较内向，不太愿意表达；在语文的学习中，他基础知识掌握比较扎实，但写作水平却一直没有进步。小涵的妈妈为了锻炼孩子，报名参加了这次活动。去之前，我布置给小涵一个任务：开学后把这次活动经历分享给同学们。让我意想不到的是，活动结束后，小涵却主动联系了我，跟我述说活动经历。养老院的爷爷奶奶虽然年纪很大，很多都失去了亲人，但他们精神饱满、非常乐观。让她最难忘的是，她和其他同学一起为老人们表演了节目。这是她第一次登台，老人们看到后非常开心，对她表示感谢，给了小涵莫大的鼓励。这让小涵觉得自己做了一件很有意义的事情。她将这次体验写在日记上并和同学们分享。这次活动不仅锻炼了小涵，也让小涵更加自信。

对生活的体验除了亲身经历，还需要用心观察、用心体会，把自己看到的、想到的融为一体。夏天，作为农村孩子，最大的乐趣就是抓蝉。当夜幕降临，久居地下的蝉就会破土而出，马不停蹄地爬到树上等待蜕变；一旦它褪去外壳张开双翅，就很难再抓到它。于是，在漆黑的夜晚，无数手电筒亮了起来。趁此机会，我布置了《蝉的故事》这篇习作。学生有的写了抓蝉的过程，有的介绍了蝉这种昆虫。因为学生对蝉比较熟悉，写起来也就容易得多。最出彩的是小文写的蝉蜕的过程。她将蝉从破壳到身体慢慢从壳里挣脱出来的全过程写得细致入微，而且将自己急切的心情、想帮蝉脱壳的想法表达得非常真实。小文分享写作过程说道，这次写作得益于她耐心观察蝉两个多小时，而且期间很少离开。正是细心观察，她才获得了写作的素材。

书本上读到远不如亲身观察地深入人心，对这一点我深有体会。古人云："春耕、夏耘、秋收、冬藏，四者不失时，故五谷不绝，而百姓有余粮也。"对于"冬藏"，一直以来的理解是冬天人们贮藏食物，不再进行农业生产，动植物也都处于蛰伏期。经过观察，我发现冬天的树枝并非一无所有，树干上早已萌发出如苞蕾般的芽，它们蓄势待发，只等春风的唤醒。这让我深刻理解了冬藏的意义，如果没有冬天积蓄，又怎会有春天万物萌发的力量？

生活中每一次体验都会给我们带来收获，每一次体验都会为我们的写作增加一份素材，每一次体验都将激发我们的情感表达。当我们抱怨孩子们不会写作时，不妨带孩子们走进生活、感受生活。

（韩玉梅）

建议三十二

敢于表达自己的心声

提到语文，"听说读写"四个大字便会浮现在我们的脑海中。在某种意义上来说，这和相声里的"说学逗唱"有着异曲同工之妙。这四部分紧密结合，互相联系，不可或缺。但是，反观我们的课堂，在落实"说"这一方面时，我们是否做到了面向全体学生？

在日常烦琐的教学过程中，备课、批改、各种杂乱事务占据了我们大量的时间，消耗掉教师的很多耐心，使得许多让孩子们自由表达的机会都被我们刻意忽视了。于是，当孩子们跑来"告状"的时候，我们经常会敷衍过去，而不是仔细问问事情的经过，听孩子们说一说事情发生的原因，导致孩子们慢慢变得不愿意跟老师敞开心扉，丧失自己的表达欲望。

在课堂上也是如此。课堂时间有限，教学任务繁重，所以老师在讲课过程中，总急于赶进度。有的孩子回答问题时支支吾吾，半天说不出一个字；有的孩子把手举得高高的，但是叫起他来的时候又不知道要说些什么，或傻愣愣地站在那里，或笑眯眯地说自己还没想好；还有的孩子虽然清楚问题的答案，但是碍于自己有限的知识储备和不高的语言表达能力，所以说出的答案前言不搭后语，老师和同学们也听得云里雾里。面对这些孩子，很多教师的第一反应不是等一等，而是赶紧换下一个学生回答。虽然这么做是为了节省课堂时间，但是会极大地挫伤这些孩子表达的积极性，让他们从想要表达但苦于没有方法向拒绝表达转变。这也是随着孩子们长大，课堂上举手的数量越来越少的一个重要原因。长此以往，我们就会发现，学生之间出现了严重的两极分化：有些表达能力本身就好的孩子，表达能力越来越突出，并且喜欢跟老师亲近；而表达能力本身欠佳的孩子对于表达自己内心想法这件事越来越抵触，严重的还会产生自卑心理。

出现这样的情况是因为我们的教师不爱自己的学生吗？事实恰恰相反。

正是因为教师热爱自己的学生，所以想要把所有孩子们需要学会的知识、技能一股脑塞给学生。正所谓"关心则乱"，我们自以为知道问题的最佳答案，于是不断拉扯着学生往自己设定好的道路上走，却忽视了至关重要的一点——每个孩子都是一个独立的个体，他们有着自己的想法；每个人的学习能力也有不同，未来的人生方向也不尽相同。教育不是流水线，每个孩子都有成为真实的自己的权力。

先师孔子在几千年前提出的"因材施教，循序渐进"，对于我们今天的教学仍有着重要的指导意义；而想要实现这一点，就要求我们老师了解自己的学生，于是让孩子们能够勇于表达真实的自己，就成了每位老师在教学过程尤其需要注意的一点。

让孩子们敢于表达自己的心声能提高课堂效率，让教师的"教"真正行之有效，让学生的"学"不再流于表面，从而让教学相长得到真正的实现。

学期伊始，我迎来了一群刚刚进入小学的一年级"小豆丁"。按照我的惯例，第一节语文课是"立规矩"时间，在所有的班规中，我重点强调了"回答问题要举手"这一点。

起初，孩子们都做得很好。但是随着时间的推移，我发现有一个同学总是不举手就回答问题，引得很多孩子也像他这样，自顾自地喊出自己的答案，整个课堂乱哄哄的。我有些生气，于是把他叫来办公室批评了一顿。

在我的批评声中，这个孩子的眼睛里含满了泪水，让我有些心疼。于是，我缓和了自己的态度，轻轻询问他为什么要这样做。起初他还是不愿意回答，后来发现我真的不再批评他了，他才抬起头，委屈巴巴地说："老师，之前给生字组词的时候，我好几次举手你都不叫我，一些不举手的同学你却经常叫他们。我忍不住大声告诉你我的答案，你却说我没有记住班规……"

听到这里我才恍然大悟，为了让更多的孩子参与课堂，在一些简单的问题上，我会刻意找学习上存在困难的同学回答，没成想对这些乐于回答问题的孩子造成了困扰。了解了真相的我，及时调整自己的教学行为，提问时尽量兼顾各个层面的学生，班里不举手就回答问题的现象也变得越来越少。

让孩子们敢于表达自己的心声能拉近师生之间的距离，让学生切实感受到来自老师真实的爱意，构建温馨和谐的师生关系。

班上有一个父母离异的小男孩，母亲组建了新的家庭之后，并不常来探望他。父亲工作繁忙，把他交给爷爷奶奶照顾，平常对他不闻不问。升入小学之后，他经常以肚子疼为由不来上学。爷爷奶奶看他这个样子，心里着急得不行，于是寻求我的帮助。我把他叫来办公室，开始的几次他总是一言不发，不论我怎么问他不来上学的原因，他都只是低着头，没有任何反应。

于是，我转变策略，开始和他聊一些他感兴趣的、班级里的趣事，他喜欢的动画片都是我们的话题。慢慢地，他的话变多了，有时不需要我叫他，他自己就跑来办公室和我聊天。

他告诉我，他在幼儿园时最好的朋友分在了另一个班，有了新的朋友，不能经常和他一起玩，他没有朋友，所以不喜欢上学。于是，我鼓励他先从认识自己的同桌开始，认识更多新的朋友。

同时，在开班会的时候，我通过一些小游戏，加深学生彼此之间的了解，从班级的层面引导孩子们互相认识、建立友谊。有一天，他兴高采烈地跑来告诉我，他和他的同桌约定好要做一辈子的好朋友。看着他兴奋的神情，眼神里藏不住的喜悦，我突然十分感动。在师生关系里，学生敢于表达自己真实的想法，老师能够耐心倾听并真心接纳，对于师生双方而言，就是最好的状态。"以爱动其心，以言导其行。"以"心"换"心"，我们要用关爱之心拨动与学生之间的情感之弦，奏一曲教育的美好乐章。

要建立民主、平等、和谐的师生关系，学生敢于表达自己的心声是实现这一目标的重要前提。教师的倾听，于学生而言，意味着理解、尊重，意味着接纳、期待，意味着分担痛苦、分享快乐。

教育本就是一棵树摇动另一棵树，一朵云推动另一朵云，一个灵魂唤醒另一个灵魂的过程。让我们沉下心来，多一些耐心，静静聆听来自孩子内心深处真实的声音，在倾听中让孩子们感受到老师对他们真挚的爱意，也许会开出更美的教育之花！

（张亚男）

建议三十三

抓住记忆黄金期，让古诗词浸润孩子成长

"刘老师，我过了★中的自招线，考上★中了！""老师，我语文是背诵拖后腿了，古诗背诵空了几道题……""刘老师，那个《出师表》太难背了，每天还要写那么多作业，写完作业再背古文，我好几天都晚上11点多睡觉，早上在上学路上也背，但班里有的同学说他们小学老师就让背了……""我们班有个学习很棒的同学，能熟背那么多的古诗词……""老师，我好崇拜诗词才女武亦姝……"送走毕业的学生，他们的话语在我耳边萦绕。作为一名小学语文教师，我是不是应该引导学生在小学阶段更多地积累一些古诗词？让学生从小受到古诗词的熏陶与滋养，为初中、高中的学习打下坚实的语言文字基础，为他们成长打下靓丽的底色。

记得翻看过的一段资料：北京大学心理教授认为，6～20岁的儿童、青少年的记忆力最佳。这个时期，大脑就像一个大的书架，存储的东西并不多，"书本"放在哪儿能够立马知晓；随着存储东西的增加，年龄大了之后，易混淆一些相似点，因此经常找不到相对应的"书本"。教育专家说，儿童时期是记忆的黄金期，也是吸收的黄金期，这个时候阅读和背诵的东西，会真正刻进脑子里，内化为自己的精神财富。

看罢，我的脑中顿时有了想法：让学生抓住12岁前记忆的黄金时期，

加强诵读积累，让孩子在古诗词的真善美中浸润成长。小学阶段正是6～12岁，是记忆黄金时期里的"黄金期"。之所以这样说，他们13～15岁就进入初中，16～18岁进入高中；13～18岁可以说这是学生生涯特别辛苦的一个时期，课业的繁重不言而喻，因为面临着人生重要的两个转折：一个中考，一个高考。小学阶段，相对来说是课业负担最轻的时段。这个年龄段的孩子，处于记忆黄金时期，对语言文字有了一定的感知基础，进行大量的古诗词积累，厚积文学素养，顺势培养想象力和创新精神，一定也会为学生们的初高中减负。

于是，我开始制订全校的古诗词诵读方案、筛选古诗词、设计达级卡、成立测评团队、组织达级活动……根据古诗词难易程度将其分为十级，每15首诗为一级，达到一级即可在"古诗词达级"卡片上盖一枚小印章。学生们对活动卡片爱不释手，经常拿出来比一比谁的小印章多。小印章为他们诵读古诗增添了动力与乐趣。不同学段分为不同基本级，个人达到十级、全班达到基本级后向学校提出申请，学校古诗词小考官将检查过关情况。活动结束后，学校对过关班级和个人在升旗仪式上进行表彰。一年下来，全校有30多个学生至少能够背诵115首古诗词，达到个人古诗词十级，每个学期每个班级都有几十首古诗词的保底积累。

背诵古诗词还真让一些孩子变得更自信。一个二年级的小男孩小翔，性格很内向，待人接物很腼腆。学校开展古诗词达级活动后，他在学校也背；他的妈妈也认同从小诵读古诗的好处，回家后在妈妈的鼓励下他也背。积极的积累背诵，使他成为学校第一个通过古诗十级测试的学生。在升旗仪式上，我让他现场展示，校长为他颁发证书奖品。班主任宋老师说，"自此以后，这个孩子在学习方面变得自信了，课堂上会积极地发表自己的观点，以前他只喜欢倾听别人的表达。不仅如此，他对古诗词也有了更多的兴趣，喜欢阅读古诗词背景故事，还会讲给班里的同学听。而且这孩子多了一种发自内心的荣誉感，为了争得"小古文诵读小达人"，他会挑战难度更大的小古文来背诵……"那是一个课间，他面带笑容地和我打招呼："刘主任好！"他眼神中流露出我对他赞扬的期待。我立刻读懂了，笑着对他说，"哦！是你！那个古诗荣登十级的男孩吧！"他笑嘻嘻的，有点儿不好意思地点点头。"听宋老师说最近又在背小古文了？"他轻轻点点头！我说："棒棒的娃！下学期挑战'小古文诵读小达人'哦！"他笑着用力点点头。我想，这个男孩子现在能背过这么多古诗文，如此地积累下去，上初中一定不会为背古诗词挑灯夜战了，古诗词的积累都改变了他的生命状态。我的嘴角不自觉地微微一笑。孩子眼中那种自信的光芒至今让我难忘。

背诵古诗词也为孩子们厚积薄发创造了条件。也是学校古诗达级达到十级的一个六年级的小男孩，他通过古诗词诵读积累渐渐喜欢上了国学，在家长的引导下对国粹京剧也产生了兴趣，知识面越来越广。经过层层选拔，今年9月份他登上青岛电视台800平方米演播大厅，代表区里参加青岛市第六届中小学生"学国学诵经典传美德"总决赛获得亚军。在古诗词的浸润中，孩子得到更好的成长，在更大的舞台上展现了他的风采。

在学校古诗达级颁奖仪式上，达到学校古诗十级的同学接受了我的"采访"，每个人都谈了自己的真实感受和做法，给全校同学以鼓舞。二年级二班的谷小乐说："我妈妈给我找的谷建芬的唱古诗，特别好听，我听着歌不知不觉就把古诗背过了，我还推荐给了老师和同学。"三年级一班的罗晓娜说："我在家里和爸爸妈妈比赛背古诗，我们每天晚上吃完饭一起背诵，昨天我们家还进行擂台赛呢。"五年级一班谢一晨说："我平时会利用碎片化时间来吟读背诵古诗词。比如午饭过后，我会拿起古诗书，结合注释及插图来了解并诵读古诗。这样日积月累，慢慢地我发现自己会背的古诗词越来越多了。"六年级四班姜俊熙说："对我来说，诵读古诗是一件快乐的事情。每天早读的时间，都是我最放松的时刻。诵读古诗也会带给我很多好处，比如写作文的时候，我会引用一些诗词，使我的文章更丰富，我还知道了许多古诗背后的故事。"古诗词走进了孩子们的家庭，孩子带动家长一起喜欢古诗词，营造了书香家庭的氛围。校园中早上孩子们朗朗的诵读声，教学楼处处能看到互相背诵的身影，背诵古诗词成了校园的一道风景线。孩子们在古诗词的滋养下成长，他们美好的童年有诗情也有画意。

记得教育专家尹建莉说过："被古诗滋养的孩子，是被生活和命运双重垂青的人。"把朴素的想法——抓住记忆黄金期，让古诗词浸润孩子成长，付诸行动，换来了由衷的欣慰，美哉！

（刘　琪）

建议三十四

学做情绪管理的主人

　　美国著名教育心理学家G.Ginott博士曾说过"在经历了若干年的教师工作之后，我得到了一个令人惶恐的结论：教学的成功和失败，我是决定性因素。我个人采用的方法和每天的情绪是造成学习气氛和情景的主因。"作为教师的我们，每个人对情绪的管理，在一定程度上也关系着师生、家校的幸福指数；不断自查自己的情绪状态，尝试去突破瓶颈，敢于不断打破传统工作惯性，方能有望重建有质量的沟通状态，营造有温度的教育生态。

　　然而，我们在日常工作的教育细节中不难发现，一次忘交的作业、一次要收的班费、一次是否必要参加的活动，甚至一句顶撞的话语……很多闹得沸沸扬扬的案例，起因并非大事，往往都是因为一句话或者一件小事的纠纷而燃起熊熊战火。有时当教师自己在处理完这样纠缠很久噩梦般的纠纷之后，也不知道为什么小小的事情会变成了大大的烦恼。通常，我们会觉得自己运气不好，遇到了这样的学生或家长，才摊上大事了。究其原委，事情往往来自我们还没有充分地做好个人的情绪管理。

　　每个人都有情绪，而更多的时候，我们过分专注于事情本身，很难对自身解决事情的过程中附带的情绪有一个自我察觉和了解关注。积极的情绪，可以激发我们工作的热情和潜力，可以有效地带动学生和家长。而消极情绪，如果不适时发现、疏导、调整或者改变，轻则会影响师生相处的幸福指数，重则会成为很多学生问题处理过程中的不当推手。我们就是要试着去辨认情绪、分析情绪和管理情绪。成为积极情绪的掌控者，工作着，快乐着，并有效地带动学生和家长。我相信，这是作为教育者的我们最为理想的状态。

而在我们的实际工作生活中，有时做同样的事，面对同样的困境，不同的人会有不同的境界、不同的结果。有的老师能够一语中的，和谐流畅地沟通；有的老师面对同样的问题，腾的一下火苗就被点燃了，层层加码，甚至酿成恶果。头痛，厌烦、逃避、气愤、反感……这样一些失控的消极情绪，左右着我们处理事情的过程。因此，学着体察自己的情绪，就是情绪管理的第一步。

一个家庭的稳定，来自母亲的情绪稳定，一个教室的稳定，往往取决于性格稳定的班主任。回忆自己担任班主任工作期间，愤怒失控的情绪就很常见。不懂得调控情绪，时常将血压频频逼到爆表的份儿。教室里分不清是在教育学生，还是仅仅在发泄怨气。而那些令我暴跳如雷的细节，盘点下来往往不过是教学生活中的点点小事：因为没抄生词，因为上课说话，因为动手打了同学，因为弄坏别人的东西……自己在教室里一番咆哮之后，带着满满的垃圾情绪回家，这其实就是一种情绪失控的变现。十多年过后再回首，这不过是孩子成长过程中的点点小事。人不犯错，谈何成长？早知事小，生个啥气？

在课堂中，我们经常洋洋洒洒几十分钟，执着于非要规定时间，规定地点解决问题，往往容易沦陷到苦心长谈的困境，是对师生共同时间成本的巨大消耗。苦口婆心似的长谈，多来自内心的执着，甚至自己变成了偏执狂而不能自查。自己总试图把学生、家长说得败下阵来，便以为投入再多的时间和精力都是值得的；殊不知学生早已练就了"委屈求全"的沟通方式，就是无论是否赞成老师的说法，全部依着你说的来。不为说得尽兴，就看实用不实用。有时揠中要害的关键一言，可以点醒迷途羔羊！我们要关注这种执着过头的情绪状态。话不一定一次说完。放下，既是放过别人，也是对自己的放过。

除了情绪容易失控、情绪过于执着，情绪沦陷猜疑、情绪过于敏感、情绪过于冷漠等这些消极情绪的样态有没有一样与你某时的状态有些雷同？不用担心，正如亚里士多德所说的那样，"任何人都会生气，这没什么难的，但要能适时适所，以适当的方式对适当的对象恰如其分地生气，可就难上加难"。情绪，需要自我觉察和自我监控。要了解内心的一些想法和心理倾向，坚持自我觉察，训练自己当某种情绪一出现的事情就能察觉，这也是情绪智力的核心能力；而不是听凭自己任由情绪摆布，导致做出很多令人遗憾的事情来。

所以，教师与家长的"情绪管理"，真是要正视自身的问题，尝试以最恰当的方式来表达情绪。这种面对教育对象恰如其分表达情绪的能力，需要我们持续的修炼。

（刘　宇）

建议三十五

送一朵小红花又何妨

"送你一朵小红花，你认真的样子真好看！

送你一朵小红花，书写工整还全对啦！

送你一朵小红花，奖励你的努力与进步！"

在我们班孩子的记作业本上，一朵朵小红花正悄悄地绽开着。一朵、两朵、三朵……小红花记录着孩子们的进步、努力和成长。苏霍姆林斯基曾说："没有爱，就没有教育。"爱一直伴随教育的始终。对于我来讲，陪伴和拥抱班里每个孩子就是一种长情的教育。

从一年级带到三年级，我和孩子们形成了默契，语文方面的优秀表现都会盖小红花印章来奖励，比如听写全对、作文优秀、阅读正确率高、日记图文并茂……很多孩子通过自己的努力得到了不少的小红花，一朵朵地盖在作业记录本上。不知不觉间，很多孩子的记作业本上都有了一朵朵的小红花。红彤彤的小红花盛开着，孩子们的心里也美滋滋的！为此，孩子们乐此不疲地通过各种努力赢得小红花。每次得到小红花，孩子们都笑得像朵花。每当这时候，小宁和小然就眼巴巴地羡慕着其他孩子，因为他们得到小红花的概率太小。小宁和小然像上帝遗落的珍珠，外表看起来不起眼，甚至与别的孩子相比显得差距很大，接受力比较弱，掌握知识有些困难，经常是今天学会的明天又忘了，别人一节课完成的任务，他们一天也很难完成。其实，他们也想学好，但总是力不从心，就像被蚌包裹的珍珠，需要耐心等待他们的成长与蜕变。

怎样才能给予他们信心呢？我尝试了很多方法，总是收效甚微。偶然的一次机会我和家长沟通，让家长协助孩子在家多复习生字词，并把第二天要听写的词语提前给了家长。当天晚上两个小朋友认真地进行了复习和练习，第二天早上的听写，他们俩竟然全对了！

我很惊讶，原来努力后他们也是可以获得成功的。看到他们的小卷，我发自内心的高兴，郑重地给他们一人盖了一朵小红花，在班里好好地表扬了他们俩。听到他们全对的消息，班里的孩子不由自主地集体鼓掌，一点不吝啬鼓励。他们俩受宠若惊，小眼睛亮亮的，小脸红扑扑的，掩饰不住内心的喜悦，整个人都特别有光彩。拿到盖有小红花的小卷，两个小家伙小心翼翼，就差在上面亲一口了，拍照环节更是笑得格外甜！在别人看来轻而易举的事情，对于他们俩来说却是多么难得和宝贵的经历啊！

平时的语文学习很少有机会受表扬、被肯定，他们已经习惯了用蚌壳把自己牢牢地包裹起来，这次不经意地打开了蚌壳，发现外面的阳光竟然如此温暖和美好，两个小家伙一下就喜欢上了这种感觉，回家后变得特别主动，原来都要被催无数次的练习，现在竟然成了主动的要求，还对妈妈说："这种全对的感觉真是太好啦！我要多努力，争取下次还全对！"

表扬孩子的同时，我也与家长进行了沟通，肯定家长的辛苦与付出，家长们也特别高兴，原本的无奈和无助一下好像少了很多，变得和孩子一样更有劲头了！每个孩子都不一样，教育也要因人而异、因材施教。针对小宁和小然这样的孩子，我给家长的建议是抓基础、养习惯；每天都进行生字词的复习，细水长流，同时对于易错的没掌握的反复练、练反复，而且在练习过程中最好用定时器限时练习，提高效率，避免边写边玩，培养良好学习习惯。两位孩子的家长都参考了我的建议。一段时间后，家长反馈孩子从原来的必须坐在旁边陪着写慢慢可以放手自己写简单的。有一天，小然的家长高兴地告诉我孩子第一次可以独立完成作业没用陪！这对于家长来说真是莫大的鼓舞。透过手机屏幕上开心的笑脸，我更深地体会到家长背后的辛苦和看到孩子进步后的开心！为此，我也给家长点了大大的赞；鼓励家长和孩子一起继续坚持做加法，每天都坚持，每天都进步，日积月累，真会有意想不到的变化和进步！每个孩子都是家庭中最重要的组成部分，家长们的喜怒哀乐也都与孩子息息相关。当我和家长统一了想法，达成了共识，孩子的进步就变得清晰可见，家校合力也真正促进了孩子的成长！

　　一朵小红花就像打开了一扇窗，阳光透了进来，让孩子尤其是学习有困难很少被肯定的孩子有了学习的主动性。他们可能很难像其他孩子一样书写好、正确率高，各方面都优秀，获得表扬对他们来讲往往就是可遇不可求的事。但是，他们也有自己可以通过努力做到的事情。找到这样一个切入点，给予他们鼓励和肯定，内在的动力一旦被激发，他们真的像吹气球一样，越来越有劲。后来的几天，两个小家伙一连全对了三天；不仅他们，连我的内心都盛开了无数朵小红花！是啊，送他一朵小红花又何妨，只要努力，都能盛开。我在不经意间发现了他们的内在潜力，见证了生命中美好的成长！

　　送你一朵小红花，你笑起来的样子真好看，我们笑起来都好看！希望每个孩子都能像小红花一样，经过自己的努力，开放得更加娇艳！我也会继续陪伴在他们身边，在每一个成长的路口送给更多孩子小红花，让更多的孩子像花儿一样绽放。一花独放不是春，百花齐放春满园。相信有了我们的呵护和浇灌，孩子们的语文学习会更加有意义，更加有意思。相信一朵朵小红花会蓬勃生长，盛开在语文学习的园地中，春色满园！

（张　婷）

建议三十六

做童心世界的孩子王

　　做一名"孩子王"可能是每位教师追求的最高级的梦。爱孩子，是藏在每位教师骨子里的天性。"亲其师，信其道"是中国教坛上的一句古训。我们经常听到有的老师说"现在的孩子，真的是没法教"，还会看到有的老师一腔热情地冲进教室，却听到孩子们说"我不喜欢这个老师，我觉得他说话很没趣，课也很没意思"。亲其道信其师。良好的师生关系能充分调动孩子的学习动力。很多学生，因为喜爱一位老师而喜欢一门功课，喜欢听你说的话，喜欢完成你的作业；这样，语文教学其实也就成功了一半。

　　所以，如何让学生喜欢你，做一个名副其实的"孩子王"，是一门很深的学问。

　　苏霍姆林斯基曾说：只有那些始终不忘记自己是个孩子的人，才能成为真正的老师。还记得刚走上讲台那时，第一次站在40个孩子面前，他们的目光让我十分紧张。为了保证课堂的顺利进行，每节课我都会努力板起脸庞，有调皮捣蛋的，我会狠狠地立"下马威"；如果他们说一些"不着边际"的"意外"回答，我总会紧张地心跳加速，担心他们的回答把课堂带偏，所以赶紧打断他们，让他们坐下。时间久了我发现，课堂上，孩子们对我不再热情。我不禁扪心自问：我这样做对吗？孩子们说的一定就是错的吗？在我也是孩子的时候，是不是也会有很多"天马行空"的想法，希望得到老师的"关注"呢？虽然，每次我都让那个与我"预设"答案不同的孩子坐下，他们也渐渐按照我的方式来，变得安静，变得只说"正确答案"，但是我却觉得孩子们与我的距离愈来愈远。

于永正老师说：把自己教成孩子，不忘记自己是个孩子的人就容易理解孩子。是啊，教育需要理解，理解是爱的别名。从那以后，我开始尝试接受和理解课堂的这些"意外回答"。进入二年级的语文学习，随着孩子们识字量的增加，会经常出现形近字、同音字等的混淆情况，需要重点给孩子们讲解。平时的教学中，我都会告诉孩子"来看看这些生字，需要重点看看这里……"，让学生拿出笔来圈画。于是，一次"意外"就这样发生。讲《狐假虎威》一课的生字时，小赵同学突然举了手我以为他有什么事情，我就请他站起来回答。谁知他突然很激动，大声地说："刘老师！我知道，我猜你想提醒大家'爪'这个字，因为它和我们之前学过的'瓜'很像。老师，你说我猜得对不对？"这个字我后面确实要强调，还没有讲到，但他却好像我肚子里的蛔虫，提前说出了我想说的话。看着他一副得意扬扬的表情，我顺势说："你真聪明，都走进刘老师的心里了。谁再来猜猜，刘老师还想提醒大家哪些地方？"结果，他们的回答令我大吃一惊，我想强调的地方他们都能说到，而且还说到了许多我没有想到的易错点。从此之后，生字环节我都用这样的方式交还给孩子，把主动权交给他们，我只是一个辅助和补充。同时，我再也不害怕孩子们的"意外回答"。还有一次，在上《朱德的扁担》一课时，在交流到"朱德为什么要在扁担上写上名字？"这个问题时，小王同学突然边举手边说："哎，老师，我有一个问题？"小王同学是一个天马行空的孩子，听讲很认真，但是思维总是感觉很发散，在我把他叫起来几次后，他的回答让我有时无从回答。这样吃了几次"亏"之后，我不敢轻易把他叫起来。看他如此急切的样子，"鬼使神差"的我又让他起来，结果他说："老师，朱德是不是害怕自己的扁担再被偷了，怕被那些士兵偷了拿去卖钱？"此时，全班被他的问题惹得哄堂大笑。然而，我也被他这个无厘头的答案弄得一时间无法作答。于是，我反问其他学生："谁来给小王同学解答一下？"另一个小男孩举起手说："老师我觉得士兵不会偷了拿去卖钱，虽然那个时候很困苦，但是我们当时的部队战士都很团结，而且当时那些扁担估计就是一根树枝，也没有多少钱。士兵是怕朱德辛苦劳累，才把扁担藏了起来。而且我觉得战士叔叔们都很正直，我们不能这么想他们！"小男孩说完后，其他学生也开始若有所思地跟着说："是的，就是！我们的战士叔叔们都很团结！"小王同学很不好意思地坐下，一个"意外"又成了找寻文章细节的问题。

自此之后，我不再担心孩子们的"意外回答"，反而很愿意聆听他们的思考和回答；而他们说的话，往往也是其他小朋友感兴趣的话题，我感觉到孩子们的积极性大大提高，有时下课，还会有孩子意犹未尽地拿着书来跟我主动交流。做一个"孩子王"，要敢听"孩子话"，要敢说"孩子话"。让我们用课堂智慧点亮这些小"意外"，让孩子们更喜爱你的课堂。

做"孩子王"还要会玩。提到玩，估计没有哪个孩子能抵挡得了诱惑。我倡导在玩中学，在学中玩。去年班级里孩子们的课文读得不好，课堂时间也有限，无法保证每个孩子都能过一遍课文；即使每天要求预习、复习指读课文，但是反馈回来的效果并不是很好。于是，这学期，我举办了"未来之声·小主播"的活动。我说我要招募"小主播"，把它的朗读音频发给全国各地的小朋友们听，看看谁能成功！于是，孩子们的积极性特别高，每天都抢着找我读课文，回家后也不忘缠着爸爸妈妈拍视频发给我，抢着体验当小主播。没想到，一个小活动就能解决了"读课文"的问题。现在，枯燥的复习阶段，孩子们又对"读背课文"这件事情产生了抵触心理，积极性不高。于是，我设计了"课文大富翁"的游戏，设置了一张"大富翁棋盘"，每个格子上一篇"课文"，只有读或背的正确、有感情的同学才能通关，同位两个人比一比，谁先到终点。于是，孩子们又开始热火朝天地"读背"起来。

做一个幸福的"孩子王"，要懂孩子、爱孩子，幸福于每个孩子们身上发生的一件件小故事。这些小故事犹如珠玑相碰，清脆悦耳，时常伴随我的教学生活，激励我要努力成为那个最懂、最亲孩子的人，让语文课堂成为孩子们成长中最爱的一方乐土。择一事，终一生。让我们每个人都能做孩子童心世界的"孩子王"，和孩子们一起共同编织童年里独一无二、如彩虹般绚烂的梦！

（刘佳妮）

建议三十七

让个性学习静默开花

妹妹入学后的第一个寒假，如约而至。

身为初中生的哥哥，假期里的日子，依旧如火如荼。

我对哥哥说，各学科的复习和预习，都要做好计划，有了计划，再付诸行动，坚持不懈，就会事半功倍。这话，让在一旁画画的妹妹听见了，隔天，就给了我们一个惊喜。

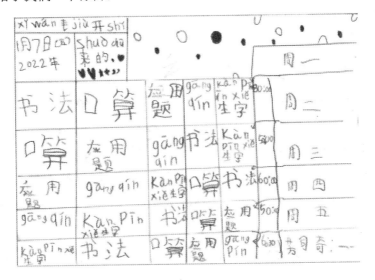

如图所示，妹妹不仅设计了每周的学习安排，还设计了每日的活动内容，包含起床、用餐、游戏、阅读、练琴、舞蹈、书法、预习等内容，很丰富，也很完整。

在我们的肯定、表扬和鼓励中，妹妹按照自己的计划，每天都沉浸在学习和生活中，很充实，也很愉快，完全不需要我们的督促和监督。

教育的终极目的应当是培养人、发展人和造就人。世界上没有完全相同的两片树叶，更没有完全一样的两个人。小孩子之间存在差异，但都有自己的优势。每个孩子都像一朵花，每一朵花都有不同的生长过程、花期、特点和作用，所以，学习力的培养。也要依据孩子的差异，满足不同的发展需求，尊重教育规律和孩子的身心发展规律，激发他们学习的内驱力，提供适合他们的个性化学习教育。最终，引导每个孩子走向个性化的自我成长之路，直到发展成为具有独特社会价值的最好的自己——既全面发展又具有完美的个性。

学校教育和家庭教育，是一个有机的整体。要培养全面发展和个性发展的学生，教师和家长都必须转变教育观念，思考究竟应该树立哪些新的教育思想，转变哪些旧的教育观念等。要培养孩子"个性化学习"，就要树立人人都能成才的理念，尊重孩子的个性差异，创造适合每一个孩子的最适切、最有效的教育，这样才能有效促进孩子的全面发展和个性发展。

作为一个教育者而言，要想让每个学生都能成为富有智慧且具有独特生命价值的人，必须科学地架构一个顺应孩子生命本性、利于孩子个性化发展的学习组织系统或者生态体系。那就应该始终坚持以孩子个体为本，本着人人都能成才的理念。落实孩子在学校学习和家庭学习的主体地位，尊重孩子的个性差异，激发孩子的内在学习兴趣，充分调动并发挥每个孩子的主动性、积极性和创造性，引导孩子的自主、探究、合作学习等，创造适合每个孩子的个性化学习体系，使孩子形成自主学习的能力，实现每个孩子的全面发展与个性发展。教师和家长作为学习活动的组织者、引导者和合作者，应尊重教育规律和学生的身心发展规律，关爱每个孩子，依据孩子的自然天性，发展其潜能和个性，激发学生的学习积极性，唤醒孩子生命成长的觉悟，促进孩子成长，培养其创新精神和实践能力。让每个孩子都能变"被动"为"主动"，真正学得自主、愉悦、高效和富有个性，真正学会求知、学会做人、学会合作、学会生存，最终实现幸福成长。

（姜　琳）

建议三十八

弯路亦有美丽的风景

六年级上册最后一个单元是"鲁迅单元",要求学生"借助相关资料，理解课文的主要内容"。准备这个单元的教学，我心里越来越没底儿。查找资料对学生来说并不陌生，可每当课上交流资料的环节，孩子们不是照本宣科地读，就是浮于表面地介绍个皮毛。这次要读的是鲁迅啊，未曾经历的时代，半文半白的表达方式，那些藏于文字下面的深刻含义，对学生来说显得一切都那么陌生。

布置了查阅鲁迅资料的作业，他们能精准地了解鲁迅的家庭背景吗？他们能查阅不同年段鲁迅的人生经历吗？不知从何而来的"责任心"驱使我要把相关资源整理好，直接发送给学生，似乎只有这样才能让我对这项作业放下心来。

同事见我如此焦虑，打趣道："这不是孩子学习道路上最后一次学习鲁迅，你着什么急呢？资料查得不全又怎样，查得不准怕什么，四篇课文，慢慢来嘛！"

我突然间就释然了。

其实，有时教师和父母的身份很像。我常听到身边的很多家长这么对孩子说：

"我吃过的盐比你喝的水还多，按我说的做，不会错！"

"我是过来人，我知道什么才是对的！"

"你现在恨我，长大了你会感激我！"

在孩子蹒跚学步的时候，当他跨出第一步，父母便紧盯着那稚嫩的步伐，害怕不小心磕着碰着，甚至连呼吸都是轻轻的。当孩子日益成长，父母在感叹孩子越来越成熟时，甚至有时候会产生他是个大人的错觉，慢慢地，便会以大人的思维来要求他。父母美其名曰：我们在把经验教给你，让你少走很多弯路。殊不知，这点弯路正是孩子探索未知世界的基石。父母为了减少麻烦、节约时间，就这么擅作主张把这基石拿走了。这种"以爱为名"的做法，换来的往往是孩子的依赖和惰性。

很多时候，我们总是站在教师的角度，担心学生犯错，害怕他们走弯路，总认为自己给他们的才是对的，才是最适合他们的，却往往忽略了学生真正的学习过程，其实是我们忘了，真实的学习就发生在一次次犯错中。就像鲁迅先生在他的《故乡》中说道："希望本无所谓有，也无所谓无，这就像地上的路，其实地上本没有路，走的人多了，也便成了路。"已有的，未知的，这诸多条路中我们为何不让孩子走一条属于自己的路？

语文学习有些弯路是一定要走的，比如"质疑"。记得一次六年级毕业试卷的阅读理解有这样一道题："你认为这篇文章的结尾写得好吗？如果认为好，请你写写理由。如果认为不好，请你自己来重新写一个结尾。"其实，出卷者在选入这篇文章时故意将原文意蕴深长的结尾做了改动，仅用一句简单的人物关系交代草草做了结语。

可是在阅卷时，老师们发现孩子们的回答竟出奇的一致——几乎所有的孩子都认为这个结尾写得好，在陈述理由时更是极尽溢美之词，诸如"言简意赅""简明扼要""语言凝练""虽笔墨不多却升华了主题，引人深思"等等。质检分析会上出卷老师说到这里时，引得在座的老师哄堂大笑，可这看似可笑的现象，却实实在在地给了老师们一记重拳。

可能在孩子长期以来的惯性思维里，作者本人所写的内容当然是好的，是对的，哪里还容得质疑？一段时间以来，为了所谓的应试，无论是校内还是校外辅导机构的老师，甚至是网络上打着"X节课速成"的辅导课都在帮学生总结阅读的公式，学生只要背过一系列的答题公式，便像做数学题一般以一敌百了。

而在很多孩子甚至是家长看来，似乎这种套路似的总结最能彰显一个老师的教学经验和教学技巧，很多时候孩子们也屡试不爽。如果是借助这些公式作为引导学生深入阅读的支架，倒也无可厚非，可是如果只是当万能钥匙一般尝试打开所有的锁，我们就需要扪心自问了：这是真正的阅读吗？阅读的过程是学生认知的过程，也是思维发展的过程，敢于质疑，善于质疑，才能真正与文本对话，读出真实的感受，这才是语文带给我们的满足。

多年前，看到过对一个语文高考状元的访谈。这个以148分考取清华人文学院的女孩儿说，当她高考语文考了148分的消息传开后，发现了一个很奇怪的现象：在所有学弟学妹、亲戚朋友的关注中，被问得最多的问题不是"你是不是很爱读书"，也不是"你是不是很爱写作"，而是"你是不是做了很多题"。

似乎在我们的教育中，任何学科只要和考试扯上关系，那么它往往就会走向"应试"；而对于这个学科的佼佼者，很多人的第一反应也不是他有天赋或者他有素养，而是他一定做了特别多的题目、接受了超乎普通人的训练。

大家注意的是能拿到分数的方法，却忽略了语文这个学科本身的宏大、它内在的韵律与美感，就像这个女孩说的，"在我心中，语文从来是一个有关素养、无关应试的学科"。这样看来，似乎很多人也不知道"阅读"和"做题"哪条路是直的、哪条路是弯的了。

最近，由于每天早晨要送孩子上学，自己再赶着去上班，一个个时间节点让我不得不对时间精打细算才不会过于匆忙，于是竟养成了习惯——上车后第一时间用导航软件准确预估到达目的地的时间，从多条线路中选择那个最近的抑或是最省时的，一路上也顾不上其他，只管用最短的时间到达，一段时间以来也从未出错。

前几日，一个偶然的机会走上了另一条路，猛然发现，这条每天早晨都被我率先淘汰的一条路上竟然有着那样让我意想不到的风景——

初升的红日没有被高楼遮挡，就那么毫不吝啬地释放它的光芒；湿润的柏油马路上氤氲着薄雾；快速路下那些老旧的院落充满着纯朴的生活气息……

是啊，这不是最快捷的路，但即使是弯路，也有等待你观看的一路风景。

（孙　良）

建议三十九
用理解给予孩子助力

2022年3月14日，这个看似普通的日子，对于青岛的教师、学生和家长来说却是特别的。因为疫情的影响，全市中小学于2020年后又再一次停止线下教学，开启了网课模式。

到今天，网课已经过去了一周。作为一名一年级的语文老师，我和孩子、家长们一起经历了一周的历练，逐渐有所适应。周末，我静下心来梳理一周的学习，还是有一些意外的心得。

管理学家之父德鲁克曾说："动荡时代最大的危险，不是动荡本身，而是延续过去的逻辑做事。"面对扑面而来的变化，面对尚未结束的全球疫情，必须居安思危，积极应对，以变应变，着力为学生提供适宜的教育，助力每一个孩子的成长。

首先，让自己的内心强大起来。

作为教育工作者，内心要强大起来，要有战略的定力。我们要善于过滤恐慌和焦虑，顺应当前的形势。对于网课中出现的问题，要善于从学生的特点和实际去理解。坚持从教育的原点来冷静思考，不急不躁，让我们的教育教学回归到对人的培养上来。

同时，要尊重、理解孩子，鼓励孩子表达自己的内心。心理学上有一个重要的规律叫作"霍桑效应"。美国芝加哥郊外的霍桑工厂是一个制造电话交换机的工厂，有较完善的娱乐设施、医疗制度和养老金制度等，但工人们仍然愤愤不平，生产状况很不理想。后来，心理学专家专门对其进行了一项试验，即专家用两年时间找工人个别谈话两万余人次，规定在谈话过程中要耐心倾听工人对厂方的各种意见和不满。这一谈话试验收到了意想不到的结果：霍桑工厂的产值大幅度提高。

利用这样一个原理，在居家学习期间，我首先建立了倾诉制度。孩子们可以通过写小日记、给老师留言等方式表达内心的想法。孩子们可以尽情地说出自己居家学习的孤独、不满和困惑。而作为老师我并不急着做评判，更多的是倾听和理解，必要的话提出一些小建议和鼓励。居家学习期间，教师要更加有耐心、要呵护孩子幼小的心灵，引导孩子尽情地说，说出自己生活、学习中的困惑，说出自己的不满。孩子在"说"过之后，会有一种发泄式的满足，他们会感到轻松、舒畅。如此，他们在学习中就会更加努力，生活中就会更加自信。

第三，教师要善于带动学生主动适应调整。

激发学习兴趣，提高学习效率。小学低年级的学生注意力维持时间有限，课堂转移到线上对着屏幕学习，注意力更是难以维持。孔子说："知之者不如好之者，好之者不如乐之者。"无论线上线下，学习兴趣都是保持良好注意力的核心要素，也是学习的强大动力；一旦激发学生的学习兴趣，学生的学习效率将会不断增加。小学低年级学生具有好动、充满好奇、爱模仿和可塑性强的特点，会对新奇的事物感兴趣。因此，多设计新奇的课程内容能够吸引学生的有意注意。反之，教师课程内容不够新奇，居家环境外界诸多的刺激将会吸引低年级学生的无意注意，导致学生注意力分散。为了保证学生注意力更长时间地保持在线上课堂中，教师必须采取相应的措施。

课堂导入环节，需要增加新奇性、趣味性。

　　线上学习直播教学的第一天，学生打开摄像头，出现在眼前的不是语文老师，而是一个黄色的、可爱的毛绒玩具——菠萝姐姐。我就地取材拿女儿的毛绒玩具做主播，我则是画外音，用菠萝姐姐的语气和学生打招呼，并提醒学生上网课时要保持良好的坐姿，就像菠萝姐姐一样。

　　因为QQ平台每次直播只能有4个同时亮相发言的机会，我就利用10分钟课前签到的时间，让每个孩子轮流打开视频和麦克，和全班同学打招呼，并用开心的语气和每个孩子对话——"佑满看来午睡得不错，真精神！""孝泽，看来妈妈照顾得很好，比平时又壮实了不少！""爸爸陪伴在身边啊，多辛苦！我提议大家和身边的亲人拥抱一下，表达我们的感谢"……那些课堂上没有轮到发言的学生得到展示的机会，能让老师同学们看到自己，孩子们就特别高兴，上课注意力也集中了不少，对网课的期待也更添了几分。

　　到学校值班的那天，我把课堂转移到了孩子平时学习的教室。在直播开始时，我让学生猜一猜老师在哪里上课。孩子们很聪明，有的说"老师在一个很安静的地方"，有的说"老师在一个很暖和的地方"……当我打开摄像头，端起笔记本让孩子看自己上课的教室时，我听到孩子们从网络的那边传来的惊呼。是呀，有什么比熟悉的教室更让他们怀念，而端坐在教室里上课的老师让他们驰骋想象，就像回到平时，和老师们、同学们相伴学习一样。

　　其实，能够带给孩子们惊喜的人、事、景、物还有很多，利用一切可以利用的资源"创造"新奇的机会，让孩子们带着兴趣进入课堂。

　　课堂教学环节，要让学生随时有所期待。

　　把平时学科课堂教学的环节整个"搬"到居家教学中来，很难让学生有所期待，最好的办法还是利用资源，设计一些"小惊喜""小特别"，让学生随时有所期待。比方说，在学习左右结构的字要左窄右宽的写字规律时，我把菠萝姐姐又请了出来。同时在她身边又多了一个新朋友——跳跳虎哥哥。"居家习不孤单，老师、同学们、菠萝姐姐、跳跳虎哥哥都来了！"把瘦瘦的跳跳虎放在了菠萝姐姐的左边——"大家看，像不像这三个左右结构的字？""所以在写这几个左右结构的字的时候我们要懂得互相谦让，菠萝姐姐圆圆的，占的地方大一些，跳跳虎哥哥最绅士，向边上避让一下……"课堂上时常设计这样的"小特别"，让孩子们对语文学习总有期待。意外的收获是，现在我基本上不需要课前点名，因为班里的40个孩子都会齐刷刷地提前进入直播间，期待着今天纪老师又会带给他们什么样的小惊喜。

作业设计环节，要给孩子张口、动手的机会。

小学一、二年级不布置课外书面作业，很重要的一个原因就是要多布置有效的口头作业、动手实践作业，发展学生的思维和表达能力。居家学习的作业可以更加丰富、更加有趣。可以抛给孩子问题，让孩子自己去寻找答案，既可以激发孩子的创造力，还可以锻炼孩子自主解决问题的能力。教师要把选择的权利交给孩子，不要一味地为孩子选择，让孩子自己去选择自己的兴趣爱好，并为自己的选择负责。

加强习惯培养，养成良好习惯。良好的学习习惯是贯彻终身学习的前提和基础，习惯的好坏对学生的发展更是具有决定性的作用。线上网课与线下在教室上课环境发生了改变，不但要基于实际养成新习惯，也要继续巩固已有的好习惯。

营造良好的家庭学习环境。一个良好的学习环境必须让学生感到舒适、温馨、自由和宽松，一个过分紧张的学习环境和学习氛围会让学生产生厌学的情绪。由于小学低年级学生有爱模仿、可塑性强的特点，学习主要以间接经验为主，我建议家长要时刻保持以身作则，以自身的行为影响孩子，每天抽出一段时间和孩子共同体验学习的乐趣，学会和孩子分享知识，分享兴趣、爱好，比如一些生活常识、科学家典故等。我会用好语文学习园地的"和大人一起读"环节，具体指导家长每一步该如何和孩子一起读，可以比赛读，可以互相点评鼓励，还建议家长和孩子一起结合文章内容展开想象，分享表达自己的真情实感。这样，不但可以培养孩子良好的居家读书习惯，还有利于良好亲子关系的建立。

书桌干净整洁、书籍摆放整齐。书桌干净整洁是开始学习的基本要求，墙壁肮脏、书桌凌乱、课本乱放、文具乱丢带给孩子的是一个不良的直观感受，会直接影响学生学习的效果。我经常会让学生打开摄像头，分享整齐的书桌，通过多种方式强化学生良好的生活习惯。

持续培养学生自主能力。不要觉得孩子小，长大自然就会自主学习了。自主能力是培养出来的，小学低年级开始就应该将学生独立自主能力和责任意识的培养作为教育的重点。在平日的教学中，我会反复提醒学生：学习是自己本身的事情，任何人不能代替。要独立完成作业、独立预习、复习功课，要做学习的主人，不能成为知识的附庸。教师要用好线上教学的契机，少了老师的监督，给予孩子独立处理事情、分类摆放书籍、积极主动地去完成教师布置的作业以及独立学习的机会。给孩子一段时间，由孩子自己去灵活处理，让他自己去做自己感兴趣的事情，孩子可以去看书、可以画画、可以玩游戏；同时，让孩子自己把控时间、分配时间，学会珍惜时间。

培养好习惯是教师、学校和家长三方面的责任，而不是任意一方就可以完成的。教师要指导家长规范孩子的学习习惯、行为习惯，和教师的要求时刻保持一致。线上教学期间，当孩子出现学习不适应时，家校应积极沟通想出办法。

总之，居家线上教学也是学习的过程。特殊的情境不断向教育工作者发出新挑战，不断提醒我们：要更加尊重学习规律和学生的成长规律。多一些理解，多一些沟通，多一些呵护，相信空间的距离阻隔不住师生的默契和彼此的温暖。让我们用教师的专业与责任，携手努力，为特殊时期的学生带来特殊成长。

建议四十

做让孩子喜欢的老师

与工作室的一位老师聊天，她笑着问我："写了这么多的建议，您认为最重要的是哪一个？"

其实，我也时常会想到这个问题。我的回答是——没有什么比做孩子喜欢的老师更重要的了。所以，我把它留在了最后一条。

"学生喜欢"真的是一件很微妙的事。

尽职，对待学生很和蔼，这种老师一般会受很多学生的喜欢。

让学生喜欢的老师，会给孩子带来安全的环境和积极的情绪体验。学生希望这种状态继续下去，所以就爱上了这位老师的课堂和所任教的学科。

我最喜欢"公平"的老师。

跟着这样的老师，你不用担心因为自己的小失误老师就不喜欢你，不用担心因为自己不会说好话老师就不喜欢你，不用担心学习成绩不理想老师就不喜欢你……

孩子们会觉得，在老师的眼里自己是可爱的、努力的，是一定能不断进步的，无论自己比别人怎么样，老师都喜欢你！

对于用心、努力的孩子，教师是理解和尊重的。对于调皮、闯祸的孩子，教师就像批评自己的孩子一样，真心希望他改正错误。对于孩子来说，有时自己的努力老师不一定时时能看到，但只要自己坚持努力，一定能看到老师会心的微笑。

我认为，这就是安全感，就是教师的"公平"。

我也想探讨一下学生眼中"严厉"的老师。

我认识一位非常严厉的数学老师，她非常严谨扎实，不会说"漂亮话"。在她的学科，没有一个孩子能随意走神，没有一个孩子能漏掉一次作业。

有意思的是，在她教学期间，孩子们很多抱怨，但毕业后，回来看她的孩子却是最多的；甚至会有孩子在网络上表达对这位老师的感激之情，说："上了初中，我们的数学学习衔接一点儿问题都没有，才发现老师给我们养成了这么多好习惯。原来，老师都是为了我们好！"

在同一个办公室，我曾尝试观察这位教师。无论哪个学习水平的孩子，她一定都一视同仁，好的就表扬，退步了就批评，而且一定是帮助学生找到状态，她才会罢手。

看，严厉是有前提的。前提就是"公平"，是学生知道你是为了他好。

我还发现是否喜欢一位老师、一个学科，与学习任务难度的关联没有我们想象得那么大；也就是说，并不是老师所讲的内容难度大，孩子就不喜欢。

相反的，孩子喜欢老师，就愿意接受一些高难度的挑战，并以此为乐。

在这里，我还是想举一个一年级的例子。

前面我提到过对于"写字"的态度：可以因为小肌肉不发达写不漂亮，但不可以不认真，不可以不听讲、不观察字形瞎写一气，这是我的原则。

当我反复强化这种认识，并在课堂上带着孩子仔细又仔细地观察字形并经常表达对汉字的热爱与欣赏的时候，学生渐渐地也被感染。

一年级上学期的时候，我会耐心指导，在作业本上用红笔给孩子们写一个又一个的范字。每节课走到几个孩子身边，我轮流握着他们的小手，手把手地教。有的孩子一篇课文七八个字写下来，没有一个规范的。那我就写七八个范字。

相信，当看到老师一个不漏地写出七八个鲜红色的范字的时候，孩子们会懂得老师的认真，懂得老师对他的期待。

所以，很奇妙的是，我的"严格"没有带来孩子们的反感和抵触，带来的是孩子们越来越用心、越来越努力地写字，为自己能够写出更加漂亮的字而努力。

常会有孩子"秀"自己的字，催着爸爸妈妈把自己练的字主动拍照发给我看，并骄傲地留言："纪老师，您看我有进步吧！"

积极的情绪体验并不取决于环境。环境没有好坏之分，是否积极取决于我们的感受。

安全、公平的语文学习环境，孩子们读错了会被提示，但不会被讥讽；朗读得太夸张会被指导，但不会被嘲笑；阅读后没理解会被耐心引导，但不会被老师着急的眼神吓倒……即使不愿展示自己，只是在课堂上默默地、默默地倾听，他也依然能够学得津津有味。

能陪伴一个个孩子成长，是多么有意义的事！我们要让孩子的生涯中有一位值得回味的师长，让语文学习成为他们生涯中独特丰厚的体验。让我们一起，做学生喜欢的老师。